Sant Rajinder Singh Ji Maharaj

Reconocimientos a los libros de Sant Rajinder Singh

"Este excepcional libro refleja la profunda sabiduría que surge del amor divino y la realización interior de Rajinder Singh".

—Deepak Chopra

"Agradezco enormemente la contribución que hace aquí Sant Rajinder Singh Ji para lograr la meta de la paz, por la cual todos estamos trabajando. Que los lectores de este libro puedan encontrar la paz interna por medio de la meditación, y así impulsar un mayor sentido de paz en todo el mundo".

—S.S. El Dalai Lama

"Este inspirador manual de meditación es ofrecido por uno de los más destacados Maestros espirituales en el mundo. Su sabiduría profunda y consejo compasivo, juntos con sus ejercicios sencillos, le han traído beneficio espiritual a miles de buscadores. Ahora él puede ayudarle, guiándole en el sendero hacia el amor y la realización divinos".

—Periódico de la Transformación personal

"El nuevo libro de Rajinder Singh es alimento para el alma. Es una fuente inspiradora e informativa que les habla tanto a los principiantes como a los viajeros experimentados en el sendero de la vida. Al leer este libro me sentí transportado, y ha hecho que me entregue de nuevo a honrar mi trabajo interior".

—Steven Halpern, reconocido artista y educador.

"Firmemente enraizado en la sabiduría tradicional, el autor encara problemas y retos contemporáneos sin ningún sectarismo. *Descubriendo el Poder del alma por medio de la meditación*, va directo a la esencia del tema. Su lenguaje es franco y claro, y ofrece ejercicios prácticos que muestran paso a paso la forma de traer la semilla de la paz a nuestro interior, para que fructifique en la vida diaria y en el mundo en que vivimos".

—Hermano David Steindl-Rast

Rajinder Singh es el nieto y sucesor en la línea de Maestros espirituales de Sant Kirpal Singh, es un experto instructor de meditación de renombre internacional. Fue elegido presidente de la Confraternidad Mundial de Religiones y es director de Ciencia de la Espiritualidad (Science of Spirituality) una organización sin ánimo de lucro, no religiosa, con miembros a lo largo del mundo.

Descubriendo el poder del alma por medio de la meditación

Rajinder Singh

Radiance Publisher

Edición impresa en 2013
© Derechos reservados 2013 Radiance Publishers

© Copyright by Radiance Publishers
1042 Maple Ave
Lisle, Illinois 60532

13 12 11 10   2 3 4 5 6 7 8 9 10

ISBN 978-0-918224-30-9

Título del libro en inglés: Empowering Your Soul Through Meditation.
Traducción al español por el Comité de Traducciones SK.

Ediciones anteriores se han publicado bajo el título de: Empoderando el alma por medio
de la meditación

Dedicado a mis Maestros Espirituales,

Sant Kirpal Singh Ji Maharaj
y Sant Darshan Singh Ji Maharaj

quienes ayudaron a innumerables personas
en el mundo a empoderar sus almas
a través de la meditación

CONTENIDO

RECONOCIMIENTOS

Quiero reconocer y agradecer a mis reverenciados Maestros espirituales, Sant Kirpal Singh Ji Maharaj (1894 – 1974) y Sant Darshan Singh Ji Maharaj (1921 – 1989), por haber aprendido de ellos la práctica de la meditación. Sant Kirpal Singh Ji Maharaj es conocido a lo largo del mundo hoy en día, como el "Padre del movimiento de la unidad humana". Sant Darshan Singh Ji Maharaj, fue reconocido como uno de los poetas místicos y santo más destacados de los tiempos modernos, acreedor de cuatro premios de la Academia Urdú por su poesía. En este libro quiero compartir con la humanidad la técnica de empoderar el alma que aprendí de ellos.

Quiero expresar mi gratitud por el amor de mi reverenciada madre, Mata Harbhajan Kaur Ji, y la compañía de mi amada esposa, Rita Ji.

Quiero también agradecer a Jay y Ricki Linksman por revisar los manuscritos para la publicación.

Y quiero agradecer a Dios, la fuente de amor ilimitado y de incontables bendiciones.

INTRODUCCIÓN

Cuando viajo alrededor del mundo, encuentro que la necesidad más apremiante de la gente, es la de querer entrar en contacto con su alma y sus propias dimensiones espirituales. Este libro *Descubriendo el poder del alma por medio de la meditación* ha sido escrito para aquellas personas que desean explorar el potencial ilimitado de su alma. El libro ha sido preparado para ayudar a los lectores a sondear el poder y la energía latente de su alma, y usarlos para el enriquecimiento y transformación de sus vidas. Busca despertar en ellos lo que es el alma empoderada y sus enriquecedoras cualidades de sabiduría ilimitada, valentía, inmortalidad, amor incondicional y conexión con todo lo viviente.

¿Cuáles son los obstáculos que nos impiden conectarnos con nuestros dones internos? ¿Cómo podemos remover estos obstáculos? Aquí se dan técnicas sencillas para acceder a las riquezas de nuestra alma, de modo que los lectores puedan descubrir por sí mismos su propio potencial. Una vez conectados con los tesoros internos, experimentamos una profunda transformación que enriquece todos los aspectos de nuestras vidas, tales como las relaciones interpersonales, la salud física, mental y emocional, ayuda en el mejoramiento de nuestro desempeño laboral, el crecimiento espiritual y el logro de los objetivos de la vida. Es mi esperanza que esta transformación traiga paz y alegría a nuestras vidas y contribuya en el logro de un mundo más amoroso y pacífico.

Humildemente presento este libro, *Descubriendo el poder del alma por medio de la meditación*, con la esperanza de que este manual, guíe y ayude a los lectores a explorar su alma, y a experimentar su potencial infinito.

Rajinder Singh
6 de febrero, 1999

PARTE I

Cualidades del alma dotada de poder

UNO

Cualidades del alma dotada de poder

D entro de nosotros hay riquezas mucho más grandes de las que se pueden acumular en la tierra. Existe dentro de nosotros una fuente de conocimiento, de la cual provienen todos los demás conocimientos. En nuestro interior nos espera con los brazos abiertos, un amor mucho más grande y placentero que cualquiera otro que podamos conocer en el mundo. En nuestro interior hay una fortaleza y poder que nos permiten superar todos los temores. Subyacente a nuestra individualidad, hay una conexión y unidad con toda la vida. En nuestro interior nos espera una dicha y alegría tan plena y perfecta, que no necesitamos de ningún otro embriagante para ser felices. Todos estos dones yacen dentro de nosotros en el alma dotada de poder.

El alma es una fuente extraordinaria de sabiduría, amor y poder, sin embargo, permanecemos ignorantes de sus tesoros cuando permitimos que esta sea dominada por la mente, los sentidos y el cuerpo físico. Cuando la mente y el cuerpo ejercen dominio sobre el alma, ella se olvida de sí misma. Pero nuestra verdadera naturaleza es el alma empoderada, y es el momento de que ella reasuma su poder para que sus dones puedan enriquecer nuestras vidas.

Con respecto al alma, hay dos formas de vernos a nosotros mismos. La primera es considerarnos principalmente como cuerpo y mente. De esta manera, decimos que somos mente y cuerpo, y que "tenemos alma". La segunda es vernos esencialmente, como almas. Cuando cambiamos de perspectiva y nos identificamos con ella, podemos decir que somos un alma que "usa una mente y un cuerpo". Una de las metas de este libro es evaluar cómo nos miramos a nosotros mismos. Si pensamos que somos una mente y un cuerpo, entonces el nuestro es un viaje para encontrar el alma. Si comprendemos que somos un alma que ha recibido una mente y un cuerpo para funcionar en el mundo físico, entonces nuestra meta es dotar de más poder al alma. Al empoderar al alma, ésta recobrará su control natural sobre la mente y los sentidos.

El propósito de *Descubriendo el poder del alma por medio de la meditación* es para que nos familiaricemos con las cualidades del alma, y dotarnos de instrucciones para recuperarla. El poder del alma ha sido olvidado. La mente, los sentidos, el cuerpo y las atracciones del mundo físico la han puesto en un estado de olvido del cual debemos despertarla. Cuando recobramos el poder de nuestra alma, su sabiduría, amor, valentía, inmortalidad, conexión y bienaventuranza, añadimos una nueva dimensión a nuestras vidas.

Muchas personas viven y mueren sin nunca haber logrado el pleno poder y potencial de sus almas. En sus vidas, quizás se hayan preguntado sobre el alma, sobre Dios y acerca del propósito de su existencia. Esta búsqueda del significado y del propósito de la vida, esta búsqueda espiritual, es asumida por las personas en forma diferente. Algunos buscan las respuestas en las escrituras, mientras otros acuden a los sitios de adoración. Unos van más allá de sus propias religiones para encontrar las respuestas en otros credos. Cualquier método que uno adopte o cualquier dirección que uno siga para encontrar las respuestas a las preguntas primordiales de la vida, es conocido como el Sendero Espiritual. Este es el que nos lleva a la realización de nuestro ser interior, de nuestra alma.

Algunas personas pasan por la vida sin saber quiénes son, y no encuentran el propósito de su existencia. En épocas difíciles o en el momento de la muerte, tal vez se hagan estas preguntas, pero quizás no lleguen a resolverlas o abandonen la búsqueda cuando se acaban las dificultades. Pero podrán lograrlo aquellos que tengan un deseo ardiente de encontrar las respuestas al misterio de la vida.

Afortunadamente en el mundo hay personas que han logrado la realización espiritual y pueden guiarnos. Si miramos a través de la historia, encontramos que en cada generación ha habido personas que se han realizado a sí mismas como almas y han realizado a Dios. Algo de su sabiduría y de sus experiencias han sido registradas, y en algunos casos se han creado religiones con sus enseñanzas. Otras almas realizadas han pasado por el mundo sin dejar ninguna huella, porque no fundaron religiones ni dejaron escrituras. Algunas solo las conocemos por referencias en los escritos de terceros. Pero una cosa es clara, estas almas realizadas tuvieron la capacidad de enseñarnos acerca de la realización de nosotros mismos. Si encontramos un alma así, también podemos aprender a descubrir nuestra propia alma y sus atributos. El verdadero conocimiento proviene de ver y experimentar internamente. Podemos leer o escuchar las experiencias de otros, pero no estaremos del todo satisfechos hasta no experimentarlas por nosotros mismos.

Este libro se refiere a dos aspectos del conocimiento espiritual que pueden ayudarnos a realizar nuestra alma: el conocimiento teórico y el conocimiento personal y práctico. El conocimiento teórico consiste en lo que otras personas realizadas han dicho sobre la naturaleza del alma, tales como sus cualidades de sabiduría, valentía, inmortalidad, amor, conexión y bienaventuranza. El aspecto práctico o personal consiste en una técnica que aprendí de un ser plenamente realizado, y que deseo compartir para ayudar a los demás a realizar su propia alma.

En el aspecto teórico, un estudio comparativo de las religiones revela una concordancia fundamental entre ellas: que no somos solamente un cuerpo físico sino que tras de él existe un alma o espíritu. El alma es quien nos da la vida. Mientras el alma permanece en el cuerpo continuamos físicamente vivos. Cuando el alma abandona el cuerpo en el momento de la muerte, el cuerpo deja de vivir. El cuerpo puede perecer pero el alma que mora en él es inmortal. La existencia del alma continúa después de la muerte física. Somos conscientes de nuestro cuerpo físico porque podemos verlo, sentirlo y escuchar sus sonidos. Pero, ¿qué es el alma y dónde se encuentra? ¿Cómo podemos reconocerla? ¿Cuáles son sus cualidades y características? Este libro proporciona una forma para llevar a cabo ambas tareas: la comprensión teórica de nuestra verdadera identidad como almas y la técnica práctica para experimentarla, y devolverle su poder para que guie nuestras vidas.

Desde el comienzo debemos definir cierta terminología para asegurarnos de que no haya confusión en la forma de utilizar las palabras en este libro. El término "alma" se define como nuestra verdadera esencia o aspecto espiritual, la parte de nosotros que vive más allá de la muerte del cuerpo físico. El alma existe, ya sea que tenga o no un cuerpo y una mente. Cuando entra a este mundo recibe un cuerpo y una mente.

Como seres humanos somos almas encarnadas o almas con cuerpo y mente. El término "nosotros" se refiere a todos los seres humanos o almas encarnadas. El proceso de encontrar el alma se expresa como "penetrar internamente" o "descubrir el alma dentro de nosotros". Cuando finalmente logramos descubrir nuestra alma y nos identificamos con ella como nuestra verdadera naturaleza, entonces la definimos como "alma dotada de poder" o alma que ha reconocido su propia naturaleza, y que es consciente de ser la esencia de lo que en verdad somos, esto es, el poder guiador detrás del cuerpo y de la mente. Algunos podemos pasar nuestras vidas buscando el conocimiento en el mundo. Entendemos muy poco que la fuente de todas las respuestas, la sabiduría universal, yace en nuestro interior. Esa sabiduría universal es otro nombre para el estado de plena conciencia. Algunos de nosotros podemos encontrar a veces que nuestras vidas se frustran por el temor y la ansiedad, la desesperación y la depresión; sin embargo, dentro de nosotros existe una fuente de valentía que puede ayudarnos a superar nuestros conflictos internos. Tememos a la muerte y a la pérdida de nuestros seres queridos, sin comprender que somos inmortales. Ansiamos el amor y lo buscamos en muchas partes, sin saber que hay un amor incondicional que espera en nuestro interior con los brazos abiertos. Sentimos que estamos solos y aislados del mundo, no sabiendo que hay un lugar de unión e interconexión dentro de nuestro ser, que cuando accedemos a él, puede mejorar nuestras relaciones con los demás, con la naturaleza y con todo lo viviente.

La verdadera alegría no es tan esquiva como creemos. Podemos encontrar la felicidad duradera con solo buscarla en el sitio correcto. En nuestro interior se encuentran la energía y el poder ilimitado del alma empoderada. Sus espléndidas cualidades incluyen la sabiduría, valentía, inmortalidad, amor incondicional, conexión y bienaventuranza. Podemos enriquecer y transformar nuestras vidas conectándonos con el alma y sus poderes.

Permanecemos ignorantes de estos dones internos debido a los obstáculos que nos impiden el acceso a ellos. ¿Cómo podemos eliminar estos obstáculos? ¿Qué proceso debemos emplear para descubrir todo lo que buscamos? Existe una técnica sencilla para tener acceso a las riquezas de nuestra alma. No necesitamos buscar en las cuatro esquinas de la tierra, ni viajar al espacio sideral. Podemos practicar esta técnica en la comodidad de nuestro hogar.

Una vez aprendemos a conectarnos con nuestros tesoros internos, experimentamos una profunda transformación que enriquece todos los aspectos de nuestras vidas, tales como las relaciones interpersonales, la salud física, mental y emocional, ayuda para mejorar nuestro desempeño laboral, nuestro crecimiento espiritual y el logro de los objetivos de la vida. Esta transformación no solo trae paz y alegría a nuestras vidas, sino que también contribuye a construir un mundo pacífico y amoroso.

El propósito de este libro es facilitar los medios mediante los cuales podemos volver a identificarnos con el alma, es decir, comprender que la mente y el cuerpo son simples cubiertas externas del alma, gracias a las cuales vivimos y trabajamos en este mundo físico y también, dotar al alma de poder para guiar nuestras vidas.

DOS

Sabiduría
ilimitada

¿Qué es el alma dotada de poder? ¿Cuál es el origen de su sabiduría ilimitada? El alma es omnisciente porque es una parte de Dios. Todos los que creen en Dios asumen que Él lo sabe todo. Los padres le dicen a sus hijos: "Cuidado, Dios observa cada uno de tus pensamientos, palabras y acciones". En el antiguo testamento, Adán y Eva, a quienes Dios les había prohibido comer del fruto del Árbol de la Sabiduría, le desobedecieron. Ellos trataron de ocultar su desobediencia pero descubrieron que no había ningún lugar donde esconderse de Dios, el Ser Omnisciente. Dios los expulso del paraíso, y desde entonces nosotros, sus descendientes, hemos estado tratando de encontrar la puerta de regreso.

La búsqueda del jardín del edén se refleja también en nuestras investigaciones para descubrir la naturaleza del universo físico. Por ejemplo, en un gran laboratorio de Batavia, Illinois, los científicos aceleran partículas atómicas a altas velocidades a través de un anillo gigante, enterrado bien profundo, solo para fragmentarlas. Están buscando la "Partícula de Dios", que les dará las respuestas de cómo se originó el universo físico. En el transcurso de la investigación han descubierto numerosas partículas subatómicas con nombres exóticos tales como bosones, mesones, quarks, etc. Y aunque han aprendido mucho sobre la naturaleza de la materia y la energía, aún no han encontrado la respuesta final que buscan.

Otros científicos miden la distancia de los quásares más remotos en el universo para calcular el momento en el que ocurrió el teórico Big Bang (Gran Explosión), del cual creen que surgió todo el universo por la ignición de partículas de polvo. Creen que saben mucho sobre lo que transcurrió en los primeros milisegundos después del Big Bang, pero desean, intensamente, descubrir lo que existía antes del Big Bang. ¿De dónde provenían las partículas originales? La ciencia hasta ahora ha fallado en responder a esta pregunta, pero los científicos continúan la carrera para ser los primeros en descubrir el misterio.

En los laboratorios de investigaciones médicas de todo el mundo, los científicos trabajan para descifrar el código genético del ADN humano. Con la ayuda de computadores, se analiza y codifica cada aspecto de nuestra constitución genética, para clasificar qué porciones de nuestro ADN determinan los diferentes aspectos de nuestra vida, desde nuestro cuerpo físico y cerebro, hasta cómo el cuerpo contrae o rechaza ciertas enfermedades. ¿Estará contenido el misterio de la naturaleza en el código genético?

¿Estamos solos en nuestra búsqueda de los misterios de la vida y del universo? Los científicos se preguntan si somos la única forma de vida de la creación. Algunos científicos lanzan impulsos hacia el espacio más remoto con la esperanza de que algún día se obtenga una respuesta de alguna galaxia lejana. ¿Cuán grande es el espacio? ¿Es verdaderamente infinito, o los confines del espacio forman una gran esfera? Y si es una esfera, ¿qué hay más allá de ella? Estas inquietudes incitan a la humanidad a llevar a cabo costosos y peligrosos viajes al espacio con la esperanza de llegar algún día, lo suficientemente lejos, para descubrir la naturaleza del universo.

En los laboratorios de computadoras, los ingenieros experimentan con inteligencia artificial. ¿Lograrán construir una computadora que piense como un ser humano? ¿Son los seres humanos apenas complejos programas de computadora, cuyas funciones pueden ser duplicadas con robots, o son seres únicos habitados por almas inmateriales imposibles de duplicar por el hombre?

Algunos físicos usan fórmulas matemáticas de la física, para tratar de probar la existencia de Dios y del alma en un papel. Según algunas de sus interpretaciones de las estadísticas del universo, existe un poder supremo que creó y sustenta al universo y, que lo reabsorberá en un futuro lejano.

Los geólogos y paleontólogos excavan en regiones remotas del mundo, en busca de rocas y fósiles que les permitan comprender la naturaleza de los primeros seres humanos y de otras formas de vida. Cada nuevo descubrimiento mueve hacia atrás la fecha de la existencia de las primeras formas de vida. Los científicos esperan probar o refutar las teorías anteriores sobre la evolución, pero aún se ignora cómo aparecieron esas criaturas tan maravillosas.

En las salas de urgencias de todo el mundo, los médicos escuchan atentamente las experiencias de pacientes que fueron revividos después de una muerte clínica—ECM. Estas experiencias cercanas a la muerte desafían a la comunidad científica, por la frecuencia con que ocurren y sus similitudes extraordinarias. Estas experiencias añaden evidencias anecdóticas a la teoría de la existencia más allá del plano físico, y destruyen la creencia egocéntrica de los seres humanos de que la tierra y el universo físico es lo único que existe en la creación.

Los investigadores y metodologías varían, pero en el fondo de todas estas investigaciones yacen las mismas preguntas candentes. ¿Cuál es el propósito de este mundo? ¿Existe Dios? ¿Tenemos alma? ¿De dónde proviene el alma y a dónde va esta cuando termina la vida física? ¿Tiene algún propósito nuestra vida?

Científicos, investigadores, ingenieros y médicos dedican su vida entera a descubrir las diferentes piezas del rompecabezas. El misterio es tan grande que una sola persona no puede estudiar todos sus aspectos, y tiene que especializarse en un área pequeña. Algunos explorarán el problema por medio de la biología, otros por medio de la astronomía, la geología o la física, pero la ciencia material tiene sus limitaciones. Toda una vida buscando las respuestas por medio de la ciencia, a nuestro lugar en el universo, no ha dado hasta ahora resultados concluyentes. Esta investigación externa no ha tenido éxito, porque las respuestas a los misterios de la vida yacen dentro de cada uno de nosotros y no en el mundo externo. El misterio del macrocosmos está contenido en el microcosmos.

La ciencia nos dice que el universo está compuesto de materia y energía. ¿Pero, cómo pueden la materia y la energía explicar la conciencia? Sabemos que hay una diferencia entre una persona viva y una muerta, pero la materia de la que están constituidas ambas es la misma. El cuerpo que ha muerto está compuesto del mismo material que cuando estaba vivo, pero la parte del ser humano que se comunicaba con nosotros, que creaba, que controlaba el movimiento de ese cuerpo, ha partido. La conciencia no se encuentra en ese ser.

Reconocemos que los seres humanos son entidades conscientes. Así, cuando el corazón y la respiración de una persona han cesado, se dice que "ha perdido la conciencia física". Pero ¿cuál es el origen de esta conciencia encerrada en la materia? Si el alma es la parte consciente de nuestro ser, entonces debe tener alguna fuente. ¿Es acaso creada de la materia y la energía del universo? Sabemos que no hay conciencia en la materia. Sabemos que no hay conciencia en la energía física. Muchos científicos modernos ya no creen que tengan que ser ateos para mantener su "fe científica". De hecho, mientras los científicos descubren más leyes naturales, más reconocen la posibilidad de la existencia de una inteligencia superior que ha diseñado la creación. El milagro del cuerpo humano, el prodigio de la tierra y el asombroso universo, con sus aparentemente incontables galaxias, parecen ser más que un simple accidente de la naturaleza. En verdad, el misterioso átomo, el complejo código genético y la creación de todo el universo, son más bien, una prueba de la existencia de Dios.

Mientras la ciencia confronta las preguntas sobre Dios y el alma, otro segmento de la humanidad las ha investigado utilizando una metodología diferente. Estos seres iluminados, conocidos como profetas, santos, místicos y maestros espirituales, han tenido un profundo impacto en la humanidad, en todas las épocas. Sus descubrimientos han hecho vibrar las cuerdas del corazón humano, haciendo que millones de personas se declaren discípulos o creyentes. Las religiones del mundo han surgido de las enseñanzas de estos seres iluminados. ¿Por qué sus mensajes son tan poderosos que inspiran la vida de las personas, aún siglos después de haber partido de este mundo físico?

La respuesta es que ellos descubrieron la solución a las preguntas que todos los seres humanos enfrentan en uno u otro momento de sus vidas. Descubrieron la sabiduría ilimitada de su alma dotada de poder.

¿Qué han descubierto los seres iluminados acerca del alma y Dios?

Lo que descubrieron los santos y profetas es que Dios y el alma son uno, son lo mismo. Encontraron que el alma es de la misma esencia de Dios. Esta no es más que una partícula o gota del océano que es Dios. Todas las principales religiones reconocen la unidad de Dios y el alma.

En la Biblia está escrito:

> Dios dijo: "Hagamos a los seres humanos
> a nuestra imagen y semejanza".

(Génesis 1:26)

En el budismo, aunque no se utiliza el término Dios, hay un reconocimiento de la naturaleza de Buda.

> Cada criatura tiene la naturaleza de Buda. Ésta es el Ser.

(Mahaparinirvana Sutra 214)

En el Corán está escrito:

> Con mi aliento, he dado al hombre mi espíritu.

(Corán 15:29)

En las enseñanzas del hinduismo se dice:

> En la ciudad dorada del corazón mora
> El Señor del Amor, sin partes, sin mancha.
> Conózcanlo como la luz radiante de las luces.
> Allí no brillan el sol ni la luna ni las estrellas,
> Ni los relámpagos de luz, ni el fuego de la tierra.
> El Señor es la luz que reflejan todos,
> Brillando Él, todo brilla por Él.

(Mundana Upanishad 2.2.10-11)

Y también:

¿Quién ordena que viva el cuerpo?
¿Quién hace que hable la lengua?
¿Quién es ese Ser Refulgente que dirige el ojo hacia la
forma, y el color y el oído hacia el sonido?
El Ser (*Atman*) es el oído del oído, la mente de la mente
y la palabra de la palabra.
También es el aliento del aliento y el ojo del ojo.
Habiendo abandonado la falsa identificación del Ser
con los sentidos y la mente y al conocer que el Ser
es brahmán, el sabio, al partir de esta vida,
se vuelve inmortal.

(Kena Upanishad 1.1-2)

En el libro sagrado de los sijs, está escrito:

Nuestra alma es la imagen del Dios Trascendente.

(Sri Gurú Granth Sahib, Gond, M.5, p. 868)

El conocimiento teórico externo, solo puede señalar el camino hacia la sabiduría ilimitada

Las referencias históricas nos proveen de conocimiento externo y teórico que puede señalar la dirección en la que debemos buscar para encontrar el alma, pero este conocimiento no nos ayuda a convertirnos en almas dotadas de poder. Podemos considerar lo que dicen estas referencias, pero si no hacemos nuestro propio trabajo interno, no conoceremos directamente la validez de estas propuestas. El conocimiento teórico está limitado por su capacidad de enseñanza; en cambio, el conocimiento práctico se logra por la experiencia directa.

Los hindúes han escrito en el Bhagavad Gita:

Este es el verdadero conocimiento: Siempre buscar al Ser como el verdadero fin de la sabiduría. Buscar cualquier otra cosa es ignorancia.

(Bhagavad Gita 13.11)

En el taoísmo encontramos:

La verdadera sabiduría es diferente de la vasta erudición. Mucha erudición significa poca sabiduría.

(Tao Te King 81)

Conocer que han existido otras personas que encontraron a su alma y a Dios, no puede darnos la autorrealización. Sin embargo, es inspirador saber que la meta es alcanzable. Lo que han hecho los demás, nosotros también podemos hacerlo. Lograr que un ser humano haya caminado por la luna ha animado a los científicos a construir mejores naves espaciales para llegar aún más lejos, de tal forma que los seres humanos puedan algún día caminar por planetas distantes. De la misma manera, los anteriores exploradores del viaje interno pueden inspirarnos, motivarnos y alentarnos a seguir sus pasos.

Conocer lo que los santos y místicos han dicho sobre el alma dotada de poder y su sabiduría ilimitada, puede hacernos empezar a caminar hacia la experiencia de este océano de conocimiento. Las escrituras y enseñanzas de los anteriores santos son hojas de ruta o planos para alcanzar nuestro verdadero potencial.

La parábola Budista de la balsa, nos da una comprensión de la diferencia entre el conocimiento de las escrituras y la sabiduría interna. Un viajero llega a la orilla del mar. Hay peligro en la orilla a donde ha llegado y se entera de que la otra orilla es segura. Desea atravesar el mar, pero no hay un puente para cruzarlo, ni un barco para transportarlo. Así que decide construir su propia embarcación. Recoge madera y hojas, y construye una pequeña balsa; utiliza sus brazos y piernas como medios de propulsión de la balsa, y logra alcanzar la otra orilla.

En el otro lado, el hombre piensa: "Esta balsa me ha ayudado a llegar hasta aquí. Voy a seguir cargándola sobre mi cabeza y espalda mientras avanzo en mi travesía, porque me ha servido". Entonces el hombre, como un burro, acarrea la balsa, a pesar de que ahora no es más que una carga muerta y no le sirva para nada.

Al examinar las acciones de este hombre, la parábola budista nos lleva a la conclusión de que hubiera sido mejor que el hombre dejara la balsa en la playa y siguiera su camino. La balsa sirve para atravesar el agua, pero no para cargarla sobre la cabeza.

Muchos de nosotros somos como el hombre de la parábola: las enseñanzas teóricas y las escrituras de las religiones del mundo son como la balsa. Aunque éstas pueden ayudarnos a señalar la dirección correcta, las palabras por sí solas no pueden llevarnos desde los mundos externos hasta la otra orilla. De ahí en adelante, necesitamos de la experiencia directa. Las enseñanzas pueden conducirnos en la dirección correcta, pero no pueden llevarnos hasta la verdad.

¿Dónde se encuentran el alma empoderada y Dios?

Hay otra historia con muchas versiones, pero su mensaje siempre es el mismo. Relata cómo Dios deseaba esconderse, pero pretendiendo no saber dónde ocultarse, consultó a algunos sabios consejeros para probar su capacidad.

"¿Por qué no te escondes en la cima de una montaña?" sugirió un consejero.

"Eso no funcionará", suspiró Dios. "Eventualmente, la gente escalará la montaña y me descubrirá", dijo.

"¿Qué tal si te escondes en el fondo del mar?", dijo otro sabio.

"Con el tiempo, la gente aprenderá a bucear y me encontrará".

"¿Qué tal si te escondes en el espacio lejano?", propuso un tercero.

"Algún día los seres humanos atravesarán el espacio y me hallarán", replicó Dios.

Por fin un consejero dio con la solución perfecta. "Conozco un lugar donde nadie te buscará", dijo. "¿Dónde queda ese lugar?", preguntaron los demás.

"Escóndete en el corazón humano. ¡Allí a nadie se le ocurrirá buscarte!" Dios, aceptando este consejo, así lo hizo, y desde entonces, Él ha estado allí.

¿Puede la sabiduría interior ayudarnos a comprender nuestro propósito en la vida?

Para algunos, las preguntas del universo, de la creación, de la vida y de la muerte, son demasiado remotas en su vida diaria. Están demasiado dedicados a los asuntos cotidianos. ¿Qué trabajo debo hacer? ¿Con quién voy a casarme? ¿A qué universidad debo enviar a mis hijos? Las preguntas que nos confrontan con el final de nuestra vida, no nos parecen relevantes aquí y ahora. ¿Puede el conocimiento ilimitado de nuestra alma empoderada, ayudarnos a confrontar las preguntas diarias de la vida y a encontrar su verdadero propósito?

Primero vamos a definir "la sabiduría ilimitada". Esta no es el conocimiento intelectual que aprendemos en conferencias o en libros; es conciencia. Dios es descrito como "conciencia". Nuestra alma, que es de la misma esencia de Dios, también es conciencia. "Es el estado en en el cual uno conoce todo lo que hay por conocer". Cuando accedemos a la sabiduría divina, alcanzamos un estado omnisciente, en el cual conocemos las respuestas a los misterios y al propósito de la vida.

El alma no es solo una elevada meta, perseguida y lograda exclusivamente por filósofos y buscadores; también la puede encontrar el individuo común, la persona que trata de mantener a su familia, la que procura conservar la moralidad en un mundo desafiante, el que se esfuerza por encontrar un significado en el caos. El alma está más cerca de nosotros de lo que creemos, y es consciente día a día de nuestra existencia en este mundo.

Muchas veces nos sentimos confundidos sobre el propósito de estar aquí, y lo que podemos aprender de nuestra existencia diaria. Seamos conscientes o no de ello, hay un significado en nuestra vida y en todo lo que nos sucede. Todo tiene una razón de ser. Si pudiéramos comunicarnos con nuestra alma, veríamos que la vida es más que una serie de eventos sin sentido, y encontraríamos una lección y un mensaje en todo lo que acontece.

Aquellos que se han conectado con su alma, contemplan la vida desde una perspectiva refrescante. En vez de sentirse lanzados al mar de la vida, azotados por cada ola, observan sus vidas como una película con subtítulos, en la que las palabras al pie de la pantalla les explican lo que está sucediendo en el campo espiritual. Aunque sigan experimentando las agitadas olas, ahora las observan con el conocimiento interno de que esa situación en particular tiene una razón y un propósito.

Podemos observar todo lo que nos sucede con los ojos de nuestra alma inmortal. Cuando hacemos esto, los eventos o acontecimientos de la vida se vuelven como nubes rápidas y pasajeras sobre el fondo de un cielo claro, calmado y apacible. Mantenemos la ecuanimidad mientras esperamos pacientemente a que crucen por nuestro campo visual los eventos transitorios de la vida, sabiendo que un día cualquiera, se transformarán en otras escenas, llenas de paz, alegría y amor.

❧ Actividad ❧

Tómate un tiempo para hacer una lista de todo lo que sucede en la actualidad en tu vida. Piensa en las alegrías y tristezas. Piensa en todas aquellas situaciones confusas, así como en las situaciones felices que te hacen preguntar: ¿Por qué me está sucediendo esto a mí? Después de hacer este resumen, intenta realizar la siguiente actividad:

Siéntate en un estado de ánimo meditativo. Asegúrate de que el ambiente esté tranquilo y que te sientas cómodo. Relájate y considera que tu alma está sintonizada con la sabiduría ilimitada que hay dentro de ti. Eres un océano de toda sabiduría. Todos los conocimientos de este mundo fluyen como un riachuelo desde este océano. Ahora, observa tu vida física con los ojos de la sabiduría ilimitada. Observa las situaciones de la vida que enumeraste anteriormente, pero ahora eres tú, como el alma dotada de poder, quien las observa como si fueran obras de teatro o películas. Considera que Dios Padre y el alma empoderada, su hija, están comentando acerca de tu vida. ¿Habrá un punto de vista superior desde el cual podamos contemplarla? Escucha las respuestas que surgen dentro de ti. Cuando aprendas el proceso de la inversión o meditación, tendrás una experiencia directa de la verdadera sabiduría.

⸜∝⸝

La voz de la sabiduría, ahogada por el incesante parloteo de la mente, la televisión, los noticieros, los chismes y las interminables conversaciones humanas, no ha tenido la oportunidad de comunicarse con nosotros. Démosle algún tiempo cada día para que nos hable. Debemos tratar de aquietar nuestra mente para escuchar a nuestra alma. No confundamos las disputas intelectuales de la mente y el análisis interminable, con la sabiduría del alma. Aprendamos a distinguirlos. Cuando escuchamos la sabiduría del alma, podremos enfrentar los retos de la vida con confianza y fortaleza, pues llegamos a conocer el por qué y el para qué de todo lo que sucede.

¿Cuál es la diferencia entre el conocimiento de la mente y la sabiduría del alma?

A medida que practicamos escuchar al alma empoderada, comenzamos a distinguir entre el conocimiento de la mente y la sabiduría del alma. Estas son las diferencias básicas entre las dos: la mente analiza a través de los ojos subjetivos del ego, mientras que el alma ve todo a través del vidrio transparente de la verdad. El ego se sirve a sí mismo: ¿Qué ganamos con esto? ¿Conseguiremos lo que queremos? ¿Obtendremos el control y el poder sobre los demás? La verdad del alma es el amor, la no-violencia, la humildad, la pureza y el servicio desinteresado. Con este criterio podemos verificar cualquier respuesta que recibamos de nuestro interior. Cuando la mente (el ego) habla, su intención es la de fortalecernos sin importar el impacto sobre los demás. La verdad, sin embargo, busca el amor y la armonía. La verdad se pregunta, ¿cómo puedo ayudar a los demás? La mente y el ego no se detendrán ante nada para conseguir lo que quieren. Recurrirán a la violencia en pensamiento, palabra y acción, a la codicia, a la lujuria, a la ira, al apego y al egoísmo. El alma dotada de poder se entregará incluso a sí misma para caminar por el sendero de la no-violencia, el amor, la humildad, el servicio desinteresado y la pureza.

Mientras pasamos un tiempo diario en el silencio de nuestra alma y empezamos a escuchar las respuestas a los problemas de nuestra vida, preguntémonos si la intención proviene de la mente y el ego, o del alma, la verdad y el amor. Si encontramos que los que están hablando son nuestro ego y la mente, penetremos más profundamente hasta encontrar la respuesta que surja desde un lugar de amor y verdad. Con la práctica, podremos escuchar el susurro interno de la sabiduría ilimitada de nuestra alma. Encontraremos su guía como una fuente de fortaleza y sabiduría que orienta nuestros pasos por la vida.

TRES

Inmortalidad

E l alma es inmortal; no conoce la muerte. Sin embargo mucha gente le teme a la muerte porque no es consciente de su naturaleza inmortal. Al conectarnos con nuestra alma, obtendremos las respuestas a lo que nos espera después de la muerte.

Todas las principales religiones del mundo reconocen la inmortalidad del alma. Las descripciones del viaje del alma después de la vida difieren en las escrituras de las diferentes religiones, pero hay una idea común en todas ellas: el alma sobrevive a la muerte del cuerpo físico. Alguna gente considera el aspecto de la religión que trata con la inmortalidad del alma como una mera ilusión, un cuento de hadas, o una simple fantasía. Los ateos pueden no creer en el alma ni en su inmortalidad, los agnósticos pueden estar inseguros y los escépticos pueden cuestionar su validez, pero todos buscan la prueba de una u otra manera. La búsqueda de la prueba o refutación de la naturaleza inmortal del alma, ha sido una inquietud constante de la humanidad en todas las épocas. La evidencia que apoya la inmortalidad del alma ha aparecido de dos maneras: la primera está formada por las declaraciones y testimonios de los santos, profetas y místicos, quienes afirman haber cruzado las puertas del más allá en sus viajes místicos; y la segunda se apoya en las vivencias de personas que han pasado por experiencias cercanas a la muerte—ECM. Más de treinta y dos millones de personas en las últimas dos décadas han reportado este suceso de manera similar.

¿Cómo describen las diversas tradiciones la inmortalidad del alma?

Los antiguos egipcios creían que después de la muerte el alma vivía en un mundo inferior cercano a la tierra. De esta creencia surgió el ritual de enterrar a los muertos con sus posesiones mundanas, en caso de que las necesitaran en el más allá. Así, llenaron monumentales pirámides y tumbas, no solo con los cuerpos embalsamados y momificados, sino también con objetos del hogar, armas y joyas. Los egipcios creían que el espíritu, conocido como "*ka*", sobrevivía a la muerte del cuerpo físico y permanecía cerca de la tierra, mientras que un cuerpo superior, que mantenía la forma y la apariencia que tuvo en la tierra, ascendía a regiones más gloriosas, donde se unía con Osiris, el rey del mundo del más allá.

Algunas de las primeras sociedades africanas también creían en la inmortalidad del alma. Consideraban al muerto tan vivo como los que están vivos. Los muertos proseguían viviendo en algún lugar entre la tierra y el sitio donde habitaban los espíritus de quienes habían partido mucho antes, que se hallaban en un lugar más distante. Algunas veces los vivos podían vislumbrar el espíritu de los muertos y les hacían ofrendas de alimentos y bebidas. Trataban a estos espíritus con respeto y creían que podían comunicarse con ellos.

En la antigua Grecia, la gente creía que las almas eran transportadas al Más Allá en una barca por las oscuras aguas del río *Estigia*. El alma, entonces, iba al *Hades* donde era juzgada y se le asignaba un lugar de acuerdo a los actos que había realizado en la vida. Aquellos que iban a ser castigados eran enviados al *Tártaro*. Aquellos que iban a ser recompensados iban a los Campos Elíseos, un lugar donde soplaban brisas suaves, llenas de gozo y dicha. Algunas almas eran enviadas al Olimpo, para que vivieran para siempre con los dioses y diosas inmortales.

Los filósofos griegos Sócrates y Platón, también creían en la inmortalidad del alma. Como dijo Sócrates a quienes lo rodeaban antes de beber el veneno que le dieron las autoridades: "Cuando haya bebido el veneno ya no permaneceré más tiempo con ustedes, porque partiré hacia un estado de felicidad celestial..." En sus enseñanzas, Sócrates describe cómo el alma, después de la muerte física, era sometida a un juicio. Las almas que en la vida actuaron bien, se iban con un guía. Las almas que estuvieron apegadas a los placeres del cuerpo, rondaban alrededor del mundo por un largo tiempo y eran alejadas de este solo después de mucho sufrimiento. Aquellas que vivieron una vida pura llena de sabiduría, amor y veracidad, iban a un lugar divino para estar con Dios. Aquellas, cuyas vidas no fueron ni muy buenas ni muy malas, iban a una región en la que padecían una purificación durante algún tiempo hasta ser absueltas de sus pecados. Aquellas que cometieron actos horribles, sufrían en el Tártaro hasta que, después de cierto tiempo, eran perdonadas por los que habían lastimado. Si sus crímenes fueron tan perversos que no podían ser perdonadas, y si no estaban arrepentidas, permanecían en el Tártaro. Sócrates también creía en la trasmigración del alma, en la que un alma que estaba apegada a los deseos y placeres del mundo físico, regresaba a un nuevo cuerpo para continuar la vida en esta nueva forma.

Los "Misterios" griegos era una religión que pasaba los secretos místicos a sus iniciados. Personas de todo el mundo antiguo, incluyendo a los grandes filósofos y escritores de la época, viajaban a su centro en el *Eleusis*, cerca de Atenas, buscando la iniciación en los Misterios. Sus miembros creían que un alma vivía alternadamente, en un cuerpo humano, luego regresaba por algún tiempo a un mundo radiante de luz, y después retornaba para tomar otro nacimiento humano. Ellos creían que la luz podía aparecer como luz sin forma o tomar la forma humana. También creían que el alma, liberada de la prisión del mundo físico por la muerte, iba a habitar un lugar más bello y más feliz. Mientras el alma continuara apegada a los deseos terrenales, seguía regresando al mundo físico. Cuando alcanzaba la pureza, podía vivir eternamente en los mundos superiores. Platón escribió: "Como resultado de esta iniciación divina, nos convertimos en espectadores de unas visiones completas, sencillas, inmóviles y bienaventuradas, que residen en una luz pura". (Fedro)

Los hindúes también creen en la inmortalidad del alma, que transmigra de una vida a otra. El alma regresa a la vida para terminar de pagar sus karmas, una colección de pensamientos, palabras y actos de su vida actual y de vidas anteriores. Entre cada vida, dependiendo de sus actos, el alma pasa una cantidad específica de tiempo, ya sea en el cielo o en el infierno. Luego el alma regresa a la tierra y continúa en el ciclo de nacer y renacer. Es solo a través de la salvación o moksha que un alma puede liberarse del ciclo de nacimientos y muertes. Por medio de la práctica espiritual, un alma puede alcanzar el estado de comunión con el Señor.

En el libro del Apocalipsis en el Nuevo Testamento, hay una descripción de los reinos celestiales:

Entonces vi un gran trono blanco y en él estaba sentado Él; de Su presencia se escapaban la tierra y el cielo, y no se encontraba lugar para ellos. Y vi al muerto, al grande y al pequeño, parados ante su trono, y se abrieron los libros. También se abrió otro libro, que es el libro de la vida. Y los muertos fueron juzgados por lo que estaba escrito en los libros, según lo que habían hecho.

(Revelaciones 20:11-12)

En el judaísmo, en el Mishnah, está escrito:

También debes saber que todo está de acuerdo al ajuste de cuentas; y no permitas que tu imaginación te dé las esperanzas de que la tumba sea un lugar de refugio para ti. Por fuerza fuiste formado, y por fuerza naciste, y por fuerza vives, y por fuerza morirás, y por fuerza tendrás en el futuro que rendir cuentas y ajustarlas ante el Rey de reyes, el Santo, bendito sea Él.

(Mishnah. Abot 4:29)

También hay una descripción de la región celestial en el Talmud:

No como este mundo es el Mundo Venidero. En el Mundo Venidero no hay ni comida ni bebida; ni procreación de hijos o transacciones de negocios; ni envidia u odio o rivalidad; pero los justos se sientan en sus tronos, con sus coronas sobre sus cabezas y gozan del lustre del Esplendor Divino.

(Shechinah Talmud, Berakot 17a).

Los musulmanes también creen en una vida posterior para el alma. En el Corán está escrito:

Tú prefieres esta vida, aun cuando la vida por venir sea mejor y más duradera. Todo esto está escrito en las antiguas escrituras; las escrituras de Abraham y Moisés.

(Corán 87.16-19)

De acuerdo con los musulmanes, el alma que parte, pasa por el período del juicio; ella puede ir al infierno, al cielo o al limbo (un lugar donde no hay dolor ni placer).

Los jaínos tienen toda una cosmología de regiones, de cielos e infiernos, y de mundos espirituales por los que el alma viaja.

Kabir Sahib, de la India, hizo un recuento detallado de los diversos planos de existencia a los que el alma va después de la muerte. Las tres regiones inferiores incluyen las regiones física, astral y causal, que están hechas de mezclas de materia y conciencia, y están sujetas a la disolución; las regiones espirituales superiores, que son eternas, incluyen el plano supracausal y un plano espiritual conocido como *Sach Khand* o Reino de la Verdad, desde donde emana Dios. El alma transmigra por una serie de vidas hasta que escapa de este ciclo. Cuando se eleva por sobre los tres planos inferiores, se encuentra más allá de la ley del karma, por la que uno es recompensado o castigado por cada pensamiento, palabra o acto. Si puede elevarse por encima de los tres mundos inferiores, el alma entra en las regiones puramente espirituales, donde se funde con el Señor y vive eternamente en la dicha y el amor.

Gurú Nanak y los Gurús sijs también creyeron en el mismo recorrido del alma después de la vida física. También se refirieron a una evaluación de nuestros actos. El libro sagrado de los sijs, el Adi Granth, nos da una descripción del proceso del juicio de Dios:

Después de tu partida física, Dios exigirá
un ajuste de cuentas de tus actos que

están registrados en Su libro mayor.
Aquellos que son rebeldes, serán convocados
Azrael, el ángel de la muerte, los acosará, y atrapados en
un callejón sin salida no sabrán cómo escapar.
Dice Nanak, la falsedad será destruida; la verdad al final
prevalecerá.

(Adi Granth, Ramkali-ki-Var, M.1, p.953)

El Jap Ji, escrito por Gurú Nanak, hace un relato de las regiones superiores más allá de este mundo. Los sijs creen que la repetición de los cinco nombres de Dios (Panch Nama), como enseña su Gurú, es el camino de escape del ciclo de nacimientos, para alcanzar la liberación al fundirse el alma con la Divinidad. Los sufíes también creen que el alma es inmortal y que la repetición o *sikr* de los Nombres Sagrados de Dios, puede liberar a un alma y conducirla a su reunión con Dios. Maulana Rumi describe el viaje del alma así:

Morí como mineral y me convertí en planta.
Morí como planta y ascendí a animal.
Morí como animal y nací como hombre.
¿Por qué habría de temer?
¿Cuándo fui menos al morir?
Y una vez más moriré como hombre,
para elevarme con los ángeles benditos;
pero aún de la condición de ángel tengo que pasar:
Todo perece excepto Dios.
Cuando haya sacrificado mi alma angelical,
llegaré a ser lo que ninguna mente ha concebido.
¡Oh, déjame no existir! porque la no-existencia
proclama en tono de órgano: "A Él retornaremos".

El libro tibetano de los Muertos de los budistas o *Bardo Tödol* (Liberación al escuchar en el plano después de la muerte), describe la inmortalidad del alma y su jornada después de la muerte. Contiene instrucciones detalladas sobre cómo podemos alcanzar la realización y por lo tanto escapar del ciclo de nacimientos y muertes. El libro es leído en el momento de la muerte y sirve como guía para el espíritu que parte. El alma del fallecido pasa algún tiempo en el Bardo, cerca del plano terrenal, donde observa escenas, unas placenteras y otras terribles, proyectadas desde la conciencia material del alma. La lectura del libro por un sobreviviente, se cree que la escucha el alma en el Bardo y le sirve de guía sobre cómo reaccionar ante cada escena, para no quedar atrapada en lo que ve. La lectura del libro le dice al alma que evite perderse en estas escenas concentrándose en la "Luz Clara del Vacío" que brilla más allá de ellas. Al concentrarse en la Luz, el alma logrará la liberación del ciclo del renacimiento y se fundirá con la Fuente. Si no puede, el alma pasará por un juicio en el que se revisarán sus karmas de esta vida. Luego el alma tendrá que experimentar las recompensas y los castigos por sus actos. Podrá ir a un reino similar a una región astral por un período de tiempo, o ir a una de las regiones infernales. Un alma no liberada por la absorción en la Luz se perderá, por lo tanto, en el ciclo de los mundos inferiores o regresará a la tierra para renacer de acuerdo con sus karmas. El ciclo continúa hasta que uno escapa de él con la ayuda de un instructor iluminado, quien le enseña al alma a permanecer absorta en la Luz radiante, para que pueda trascender las regiones inferiores y llegar a un estado de nirvana, la morada espiritual eterna.

Los místicos cristianos y judíos, también hablan de la inmortalidad del alma y de las regiones más allá de este mundo. Santa Teresa de Ávila, Santa Catalina de Siena, San Juan de la Cruz, para nombrar unos pocos, tuvieron revelaciones divinas que les comprobaron que el alma vive más allá de esta experiencia humana.

En la tradición nativa norteamericana, el *Hopi* cree que después de la muerte ellos se unen a los espíritus de seres amados que han muerto, siempre que hayan vivido con sus corazones llenos de pureza, demostrando bondad y generosidad hacia los demás. Aquellos que no llevan vidas buenas son atrapados por unas brujas, llamadas Dos Corazones, y son llevados al país de los Dos Corazones, que está lleno de maldad.

La teosofía también contiene enseñanzas acerca de la inmortalidad del alma. En su cosmogonía, la región astral tiene varios planos, y el alma es colocada en cualquiera de ellos según su vida en la tierra. Los más bajos están reservados para los criminales y gente malvada. Los planos intermedios son para gente que buscó los placeres mundanos y estuvieron motivados por placeres egoístas. Los planos más elevados son para los intelectuales y religiosos que no fueron particularmente espirituales. Más allá del plano astral, los teósofos creen en un plano mental donde van las almas cuando dejan su cuerpo astral. Llaman a este plano y a sus siete divisiones, *Devachan*. Se les denomina "mundos celestiales". Los cuatro planos más bajos son el plano mental, y los tres planos más elevados son el plano causal. Se dice que estas regiones están más allá de cualquier cosa que conozcamos en la tierra, y no pueden ser descritas adecuadamente en ningún lenguaje ni en términos que el cerebro humano pueda comprender. Ellas son regiones de dicha y conocimiento, una recompensa por los actos buenos del alma. La última etapa, de acuerdo con los teósofos, es el nirvana o la unión con el Señor. Las almas que continúan en el ciclo de nacer y morir, tienen que pasar a través de un estado de olvido para borrar las memorias de su jornada a través de estas regiones internas, antes de que ellas regresen a la vida en la tierra.

Estos recuentos de la inmortalidad del alma no son coincidencias. Hay una verdad detrás de las revelaciones de todos los santos, místicos, profetas e iluminados que han venido en todas las épocas. La pregunta ahora es si existe alguna evidencia que pueda ser confirmada hoy por la ciencia moderna, para validar los descubrimientos de los fundadores religiosos del pasado.

Experiencias cercanas a la muerte – ECM

Un nuevo campo de estudio surgió desde 1970 y parece sustentar algunos de los relatos que nos han dejado los santos del pasado y maestros espirituales. Un médico, el Dr. Raymond Moody Jr., descubrió que todos los pacientes que habían muerto clínicamente pero que fueron regresados a la vida por los prodigios de la ciencia moderna, tuvieron una experiencia similar. Muchos de ellos reportaron haberse encontrado mirando sus cuerpos desde un punto en el cuarto, tal como el cielo raso. Ellos pudieron observar a los practicantes médicos tratando de revivirlos, y escuchar las conversaciones en el salón. Algunos se encontraron flotando a través de las paredes en dirección el cuarto de espera donde pudieron ver y escuchar a sus parientes, y más tarde, después de que el paciente revivió, los parientes y amigos confirmaron la precisión de las conversaciones que el paciente dijo escuchar. Luego los sujetos se vieron arrastrados por un túnel oscuro, al final del cual había una luz brillante.

Aunque la luz era extremadamente brillante, más brillante que cualquiera cosa parecida que hubiesen visto en la tierra, no quemaba; por el contrario, era una luz cálida, que describieron como algo lleno de amor. Muchos fueron recibidos por un Ser de Luz, que los envolvió con un amor más grande que el que pudieran sentir en la tierra. Después de esto, muchos pasaron por una revisión de sus vidas, en la que todo lo que habían hecho pasaba frente a ellos. No solo pudieron ver el evento, sino que pudieron experimentar lo que ellos y las demás personas pensaron y sintieron. Por lo tanto, si hicieron algún daño, pudieron sentir el dolor que le ocasionaron a la otra persona. Si hicieron algo amoroso, pudieron sentir la felicidad de la otra persona. Como resultado de esta revisión de su vida, la mayoría de gente sufrió una transformación. Comprendieron que al cruzar las fronteras de la muerte, no importaba cuánto dinero habían ganado, cuántas propiedades habían poseído, qué posición de poder habían tenido, tampoco si habían sido famosos o no; lo que importaba era cuán amorosos habían sido con los demás. El amor era la medida más importante del valor de la vida que habían llevado. Por lo tanto, cuando regresaron a sus cuerpos y reiniciaron la vida, muchos cambiaron. En varios casos, se propusieron ser personas más amorosas, cariñosas y amables con quienes los rodeaban. También hablaron de la opción que se les dio de quedarse en la vida del más allá o de regresar. Muchos experimentaron tanta dicha que no querían regresar, pero fueron informados de que su vida en la tierra no había terminado y tenían que volver. En este punto se vieron impulsados de vuelta a sus cuerpos. En ese momento los esfuerzos por revivirlos coronaron con éxito, y de repente reanudaron las respiraciones y los latidos del corazón.

Como se mencionó anteriormente, más de treinta y dos millones de personas reportaron haber tenido una experiencia cercana a la muerte, de acuerdo con una encuesta Gallup reciente. El número asombroso ha llamado la atención de muchos médicos y científicos. El libro, *Vida después de la vida*, del Dr. Raymond Moody, y el trabajo del Dr. Melvin Morse con las experiencias cercanas a la muerte de niños, han dado a conocer este fenómeno al público en general. Como resultado de su trabajo, mucha gente que había tenido esas experiencias, pero que vacilaban en hablar de ellas por temor a hacer el ridículo, ahora tuvieron el valor para contarlas. Los medios también han respondido y se han publicado muchos libros, programas de televisión, seminarios y aún películas acerca de estas experiencias.

¿Prueban la existencia del alma las experiencias cercanas a la muerte—ECM? Ellas son una prueba para la gente que las tuvo. Sus relatos atestiguan apasionadamente la existencia de una vida más allá; en verdad, muchos dicen que las experiencias que tuvieron eran más reales que las de su vida terrenal. La confirmación de las conversaciones que escucharon en salones diferentes a la sala donde yacían las personas moribundas, aún las conversaciones de los parientes en otros estados a donde aparentemente el alma viajó de visita, borraron las dudas que tenían estas personas de haber experimentado la existencia del alma, e incluso, también, convencieron a los parientes involucrados.

¿Cómo podemos experimentar la inmortalidad del alma?

También hay una sorprendente similitud entre las descripciones de la jornada del alma, según los relatos de los seres iluminados de las diferentes religiones del mundo. El hilo común entre ellos es la creencia de que el alma vive después del fallecimiento del cuerpo físico, que es sometida a un juicio en el que son recompensadas o castigadas por sus acciones, buenas o malas, que el alma es enviada al cielo o al infierno de acuerdo a sus actos, y finalmente, que ella llega a un estado de unión con el Señor o con la Fuente. También hay una similitud entre estos relatos y los de la gente que ha tenido una experiencia cercana a la muerte—ECM. Sus descripciones parecen corresponder con las de las escrituras, cuando narran los momentos iniciales de la separación de nuestra alma del cuerpo. Las experiencias cercanas a la muerte nos llevan tan solo hasta la puerta de los reinos internos. Pero, como los narradores no murieron del todo, su jornada terminó allí. Aun cuando los relatos de los santos y de aquellos que viven hoy y tuvieron experiencias cercanas a la muerte, puedan darnos esperanza e inspiración, estos por sí solos no constituyen una prueba para nosotros. Simplemente representan un conocimiento de segunda mano. La prueba real viene cuando nosotros mismos experimentamos la inmortalidad del alma.

No tenemos que sufrir el trauma de una experiencia cercana a la muerte para descubrir lo que yace en el más allá; podemos experimentar la naturaleza inmortal del alma cuando vamos a nuestro interior. Podemos aprender cómo hacer esto al examinar cómo los santos y místicos de las diferentes religiones condujeron su viaje interno. Podemos aprender las técnicas que utilizaron y comenzar a practicarlas nosotros mismos. Más adelante en este libro, se describirán algunas técnicas, para ayudarnos a comenzar el viaje interior.

⸲∾ Actividad ∾⸲

Siéntense en un estado relajado y meditativo. Traten de olvidar su cuerpo, e intenten aquietar sus pensamientos. Siéntense en un estado inmóvil. ¿Qué parte de ustedes es consciente cuando se aquietan su mente y su cuerpo? Despréndanse de todas sus tensiones y problemas. Aprendan a pasar algún tiempo todos los días en esta forma sencilla. Más tarde, cuando aprendas las técnicas de meditación, se volverán expertos sentándose en un estado de quietud, que les preparará para experimentar dentro de su alma dotada de poder.

CUATRO

Amor incondicional

N osotros buscamos amar y ser amados. Durante nuestra
jornada en la vida, puede que pasemos por muchas
relaciones en busca del amor perfecto. Queremos un
amor que nos llene de calidez y gozo. Deseamos un amor
en que seamos aceptados como somos a pesar de nuestras
faltas. Queremos un amor que no nos abandone. Queremos
un amor que dure para siempre.

A través de nuestra vida experimentamos muchas
relaciones. Existe la de padres e hijos, hermanos y hermanas,
amigos, amantes y la de pareja. Queremos satisfacción en
cada una de estas relaciones y nos desilusionamos si no
marchan bien. Tenemos la expectativa de que el amor entre
nosotros se manifieste de una manera en particular, y nos
desalentamos cuando no se satisfacen nuestras expectativas.
Aun cuando superamos las dificultades en algunas de estas
relaciones y formamos unos lazos más fuertes, en otras

rompemos con la relación. Aún si establecemos una relación maravillosa con alguien, puede que tengamos que sufrir la pérdida de nuestro amado por una enfermedad, la separación o la muerte. Puede que nos preguntemos, ¿existe algún amor que sea permanente? ¿Existe algún amor que no tenga final ni separación?

La respuesta es sí. Hay un amor permanente y duradero en el alma empoderada. Hay un amor incondicional que nos espera en nuestro interior. Conectarnos con este amor nos envuelve con calidez, felicidad y éxtasis.

¿Existe un amor más grande que cualquiera de este mundo?

Las relaciones amorosas reflejan el amor del alma dotada de poder. Uno de los más grandes amores que conocemos en este mundo, es el de un padre por su hijo. Si tuvimos la suerte de experimentar el amor de nuestros padres, podemos recordar cuánto cuidaron de nosotros. Trabajaron muy duro para ganar dinero y abastecernos de alimento, ropa, techo, medicina, educación y juguetes. Dedicaron mucho tiempo a criarnos. Si formábamos parte de un equipo deportivo, quizás fueron a vernos jugar. Si participábamos en una función de la escuela, apartaron tiempo para vernos actuar. Inclusive si no tuvimos una relación amorosa, nuestra madre aun así, tuvo que llevarnos en su vientre durante nueve meses, y sufrir los dolores del parto para traernos a este mundo.

En nuestra vida adulta quizás hayamos experimentado un amor romántico. Puede que nos hayamos enamorado de alguien y perdido en la embriaguez de ese amor. Puede que hayamos sentido que todos los problemas del mundo y nuestras preocupaciones, desaparecieron en la compañía de nuestro amado. El tiempo parecía volar y pudimos haber pasado horas perdidos, conversando con esa persona, o mirándonos a nuestros ojos. El amor romántico nos volvía ciegos frente a las faltas e imperfecciones del otro. Si más tarde en la vida llegamos a ser padres, experimentamos otra clase de amor. Quizás nos haya sobrecogido un sentimiento de amor cuando cargamos a nuestro bebé y lo miramos a los ojos. Sus dedos diminutos agarrando nuestra mano pueden habernos hecho sentir una indescriptible felicidad. Finalmente, puede que hayamos experimentado cuánto amor sintieron nuestros padres por nosotros. Ningún sacrificio fue demasiado grande para asegurarnos de que nuestro hijo tuviera el mejor alimento, ropa y juguetes.

Estos amores externos no son más que un pequeño reflejo del gran amor que existe en nuestra alma. Si multiplicamos el amor más grande que hayamos conocido en el mundo por diez veces o cien veces, tal vez tengamos una vislumbre del amor que nos espera internamente.

Encuentro con el Amado interno

Lean cualquier relato de una experiencia cercana a la muerte—ECM, y tendrán una idea del gran amor que nos espera internamente. Muchos describen el encuentro con un Ser de Luz, de quien recibieron más amor del que jamás habían sentido en la tierra. Era un amor omnipresente que extasiaba cada poro de su ser. Como receptores de ese amor se llenaron de una dulzura y embriaguez divina que no querían abandonar. En algunos casos, quizás, el Ser de Luz le haya ayudado a la persona a hacer una revisión de todos los actos buenos y malos de su vida. Sin embargo, a pesar de lo buena o mala que hubiera sido esta, el Ser de Luz seguía irradiándola con un amor incondicional. Por primera vez en la vida, la persona se sintió amada hasta el fondo mismo de su ser.

Aunque el amor del Ser de Luz fuera muy superior al que la gente haya sentido en la tierra, ese amor también, no es más que una porción de un amor mayor—el amor de Dios. El amor de Dios está más allá de la imaginación. El amor del Ser de Luz es una gota del amor de Dios. El alma es una gota de ese mismo amor. Esa chispa de Dios, dentro de cada uno de nosotros, es el amor personificado. Su naturaleza misma es el amor. Nosotros llevamos ese amor infinito internamente.

¿Cómo conocemos la inmensidad de ese amor? Cada santo, místico, profeta y alma iluminada habla del amor de Dios. Lean las palabras de Cristo, Mahoma, Buda, Mahavira, Gurú Nanak, Kabir, Mira Bai, Rabia Basri, Baba Farid, Santa Teresa de Ávila, San Juan de la Cruz, y muchos más, y encontrarán descripciones del amor incondicional al que podemos acceder al experimentar nuestra alma.

Los sufíes se refieren a Dios como al Amado. Muchos de los textos de las escrituras y la poesía mística, utilizan la terminología del amante y el Amado para describir al alma y a Dios. A pesar de que el amante y el Amado parecen ser dos entidades, en el momento de la revelación final descubren que son uno y el mismo. El alma y Dios son, en esencia, uno sólo. La jornada del descubrimiento conduce al alma desde creer que está separada de Dios, hasta su iluminación final, cuando realiza que es una con Dios. La jornada mística es la historia de la separación del alma y Dios, y de su comunión final. Por lo tanto, si descubrimos a nuestra alma empoderada, en verdad estamos sumergiéndonos en el océano de amor del Señor.

Santa Catalina de Siena, una santa cristiana, nos proporciona una visión de su matrimonio místico. Desde la niñez había sido bendecida con muchas revelaciones divinas internas; en una de ellas se le indicó que estaba comprometida en matrimonio con el Señor. En 1366 una voz le dijo: "Hoy celebraré, solemnemente, contigo la fiesta del matrimonio de tu alma, como te lo había prometido. Me desposaré contigo en la fe". Entonces tuvo una visión en la que la Virgen María tomaba su mano derecha y la entregaba a Cristo para que se casara con Él. Luego, Cristo sacó un anillo de oro con cuatro perlas que rodeaban un bellísimo diamante. Lo colocó en el dedo de Catalina y le dijo: "Te desposo conmigo". La instruyó para que en adelante realizara aquellos trabajos que Él mismo pondría en sus manos. Le dijo que ahora ella estaba llena de fortaleza de la fe y que felizmente vencería a todos sus adversarios. La visión desapareció, pero desde ese día, Santa Catalina veía el anillo en su dedo.

El místico dominico alemán del siglo catorce, Suso, un discípulo del Maestro Eckhart, también fue bendecido con las visiones del Señor. En una de ellas, describe cómo se encontró rodeado de espíritus celestiales. Le preguntó a uno de los más luminosos: "Muéstrame cómo vive Dios en mi alma". El ángel le dijo: "Ahora fija alegremente tus ojos en ti mismo, y observa cómo Dios despliega el juego del amor dentro de tu alma amorosa". Suso miró rápidamente y vio que la región del corazón de su cuerpo era pura y transparente como el cristal. Vio la sabiduría divina entronizada pacíficamente en medio de Su corazón. Al lado de la sabiduría divina estaba el alma descansando amorosamente en el regazo de Dios. Dios estaba abrazándola y apretándola contra Su corazón. Su alma permanecía absorta y embriagada de amor en los brazos de Dios.

En el sufismo, tenemos las palabras de Jalaluddin Rumi en su "Festival de la Primavera":

Con Tu dulce alma, esta alma mía
se ha mezclado como el agua con el vino,
¿Cómo pueden separarse el vino y el agua,

O Tú y yo cuando estamos mezclados?
Tú te has convertido en mí ser superior,
Los lazos pequeños ya no me atan,
Te has apoderado de mí ser,
Y ahora ¿no me habré apoderado yo de Ti?
Tú y yo nos hemos afirmado eternamente,
Para que siempre Te conozca como mío.
Tu amor me ha atravesado de lado a lado,
Tu emoción entrelaza mis huesos y mis nervios.
Descanso como una Flauta colocada
    en Tus labios;
Como el Laúd, reclinado sobre Tu pecho.
Respira profundamente dentro de mí
Para que yo pueda suspirar;
Es más, golpea mis cuerdas y las
    lágrimas brillarán.

El lenguaje humano falla en describir adecuadamente el encuentro del alma con su Fuente, por lo cual los místicos y los santos han tenido que apoyarse fuertemente en la analogía más cercana que pudieron encontrar, la comunión del amante y el Amado. Este es un encuentro que arrebata al alma, llenándola con una embriaguez exquisita que impregna cada parte de su ser.

Embriaguez del amor

Con frecuencia, el arrobo del amor que experimenta el alma es tan grande, que le hace caer en un estado conocido como la locura del amor. El alma se inflama con un deseo ardiente e interminable por la unión con el Amado. Cualquier separación es tan dolorosa como si un cuchillo le partiera en dos el corazón. El Santo poeta místico, Sant Darshan Singh Ji Maharaj, ha escrito miles de versos sobre ese estado de amor que todo lo abarca entre el alma y Dios, como el verso a continuación:

> No tengo ningún amigo excepto mi Amado,
> No tengo ningún trabajo excepto Su amor.

Así como un amante está absorto día y noche en los pensamientos de su amada, el alma queda capturada en ese estado después de probar por primera vez la unión con el Señor, y de impregnarse con su amor. Sobre la dicha de estar con el Amado internamente, Sant Darshan Singh Ji Maharaj escribe:

> Siempre que viajé de la tierra a la Vía Láctea,
> Encontré amor a cada paso y belleza en cada mirada.

Cuando estamos enamorados, el mundo y nuestra vida se embellecen. Todo toma una intensidad y una riqueza nunca antes vista. Nuestro mundo adquiere una belleza transformadora en la presencia del amado. Sant Darshan Singh Ji Maharaj dice:

> Senderos azotados por el otoño de repente
> florecieron y florecieron.
> Por donde pasa el Amado, no queda más que primavera.

¿Cómo se siente el alma al estar perdida en el amor de su Amado Señor? Es más bello que estar con tu amado en medio de paisajes llenos de jardines con fuentes cantarinas, rodeados de miríadas de flores fragantes. Es más amoroso que sentarse juntos en las faldas de una colina para contemplar los colores brillantes de la caída del sol. Es más apacible que sentarse al lado de una suave corriente que fluye en medio de la frescura de un bosque. Produce más éxtasis que el violín encantado y las arpas angelicales. Es como estar impregnado del amor divino de la cabeza a los pies.

El alma ama a todos incondicionalmente

A la par con la embriaguez y la locura de este amor viene otro aspecto: este amor es incondicional. No conoce discriminación, prejuicio, ni separación. Nuestra alma es amada incondicionalmente por el Señor. Nosotros podemos, a su turno, reflejar ese amor e irradiar el amor incondicional a todos aquellos que conozcamos.

Hay muy pocos ejemplos de amor incondicional en nuestras relaciones diarias. En los ejemplos de las relaciones amorosas más grandes del mundo, parece que siempre tuvieron algunas condiciones. Hay expectativas en el amor de los padres por los hijos. Los padres pueden querer que sus hijos se comporten de cierta manera. Cuando el niño crezca y envejezcan los padres, puede que exista la expectativa de que el hijo cuide de los padres. Por lo tanto, el amor no es enteramente incondicional. En el amor entre los amantes y los esposos, siempre existe la expectativa de que el amante nos hará felices. Nosotros queremos que el amante nos provea de la satisfacción que buscamos. Si el comportamiento del amante no cumple con nuestras expectativas, puede que discutamos y peleemos, y en algunos casos, rompamos la relación.

El alma ama incondicionalmente, porque Dios ama incondicionalmente. El alma y Dios son uno y lo mismo. Si nos conectamos con nuestra alma y miramos al mundo a través de sus ojos, no solo podremos amar incondicionalmente, sino también sentir el amor incondicional de Dios por nosotros. El sol no discrimina sobre cuáles flores va a brillar. Derrama su luz sobre todas por igual. Por lo tanto las rosas y violetas, los tulipanes y rastrojos, todos reciben la misma luz. Así sucede con el amor de Dios. Brilla sobre todos nosotros, seamos hombre o mujer, hindú o musulmán, cristiano o judío, sij o sufí, parsi o jaíno. Brilla sobre nosotros sin importar el color de nuestro cabello, la piel o los ojos. Cuando experimentamos nuestra alma y empezamos a identificarnos con ella, también crece en nosotros el amor por toda la gente.

San Francisco de Asís es muy conocido por su amor por todos los seres vivientes. Sin embargo se cuenta que en los primeros años de su vida tenía dificultades en el manejo de sus sentimientos hacia los leprosos. Les temía y evitaba cuando estaban cerca. Un día, cuando bajaba por una carretera, encontró a un leproso en su camino; su primera reacción fue la de cambiar de dirección. Se sentía disgustado, no tanto por la visión del leproso, sino por su incapacidad de amar a esa persona. Sabía que no representaba el amor incondicional de Dios rehuyendo al hombre afligido. En un intento por vencer su debilidad, caminó hacia el leproso, lo abrazó y lo besó en el cuello. Lleno del amor por Dios, luego continuó su camino. Cuando se volteó a mirar al leproso, no vio a nadie. Comprendió que Dios se había aparecido en la forma del leproso para probarlo y que él había pasado la prueba. San Francisco había mirado al leproso con el corazón de su alma empoderada, y desde ese día, socorrió con el amor de Dios en su corazón a los leprosos y a los demás afligidos por la enfermedad.

Una de las ilustraciones más poderosas del amor incondicional se encuentra en las enseñanzas de Cristo. El fundamento de la cristiandad está basado en el concepto del amor y el perdón. Como Cristo lo expresó: "Habéis oído que se dijo, 'amarás a tu prójimo y odiarás a tu enemigo'. Pero yo os digo, amad a vuestros enemigos, bendecid al que os maldice, haced el bien a quienes os odian y orad por los que os desprecian y persiguen". (Mateo, 5:43, 44)

El mundo está necesitado de amor incondicional. Así como deseamos ser amados incondicionalmente, nosotros podemos también amar incondicionalmente a los que nos rodean.

El verdadero amor significa amar a todo el mundo. Los santos y místicos señalan que sí verdaderamente amamos a Dios, amaremos a todos sus hijos. Como dijo Cristo: "Si alguien dice, 'yo amo a Dios' pero odia a su hermano, es un mentiroso; porque aquel que no ama a su hermano a quien ha visto, no puede amar a Dios a quien no ha visto". (1 Juan 4:7-20)

Cuando nos conectamos con nuestra alma dotada de poder, podemos ignorar las diferencias externas de religión, cultura, color y nacionalidad. Todos pueden ser vistos como parte de la familia de Dios, y así aprender a canalizar el amor de nuestra alma dotada de poder hacia todos los que conozcamos.

Viendo el amor en todas partes

El alma reconoce su propia naturaleza del amor en toda criatura viviente y en todas las formas de vida. Sant Darshan Singh Ji Maharaj escribió:

> Él está oculto en cada instrumento,
> En cada canción y melodía.
> Toda la creación refleja Su gloria.
> No existe una ola espumosa ni estrella titilante
> que no le deba a Su Luz su resplandor.

Maulana Rumi ha dicho: "La corriente del amor del único Dios fluye por todo el universo. ¿Qué piensas tú cuando ves la cara de una persona? Mírala cuidadosamente. Ella no es una persona, es la corriente de la esencia de Dios que vive en ella". El Señor Krishna dijo: "Aquel que puede ver mi Forma en todo, que experimenta que no hay diferencia entre los diferentes seres, es en realidad el verdadero vidente. A esa persona nunca la puedo olvidar".

Busca al amor dentro de ti

¿Cómo podemos encontrar el amor embriagante de nuestra alma empoderada? No se encuentra en las estrellas, ni en la cima de las montañas, ni en las profundidades del océano. Está dentro de nosotros. Kabir Sahib dijo:

En su ombligo se oculta el almizcle,
Pero el ciervo confundido lo busca en el monte.
Así también, habita el Amado en el corazón,
Sin embargo nadie lo sabe
Y le buscan a Él, por fuera de ellos mismos.

(Yoguis, Santos y Místicos, por Bankhi Bihari, p. 248)

Buscamos la realización en los amores de este mundo, que solo nos dan un gozo transitorio. Sin embargo, también podemos obtener un gozo permanente, además de nuestros amores externos. Podemos experimentar el amor de nuestra alma empoderada. Este amor no nos alejará de nuestros amores externos; antes bien, los enriquecerá. Seguiremos amando a nuestra familia, nuestro esposo y nuestros amigos. La diferencia es que al participar del amor incondicional de nuestra alma, podemos recibir toda la plenitud y la embriaguez que deseamos. Ya no tendremos que depender de nadie más para satisfacer nuestras expectativas. Podemos estar satisfechos desde dentro y no depender de nadie más para nuestra felicidad. En cambio, derramaremos nuestro amor incondicionalmente. En vez de buscar el amor, podremos dar amor. Al hacerlo, encontraremos que nuestras relaciones serán más serenas, más armoniosas y más pacíficas. La tensión y la ansiedad que sentimos al buscar que otra persona satisfaga nuestras necesidades se desvanecerán como nubes pasajeras. En cambio, podremos estar satisfechos desde dentro, y sentirnos libres para gozar de la riqueza de nuestras relaciones.

Actividad

Siéntense en actitud de meditación. Relajados. Piensen en alguien que aman cuyo recuerdo les llene de paz, gozo y felicidad. Experimenten por un rato ese amor dentro de ustedes. Ahora, extiendan ese amor a los demás. Irradien ese amor a los demás miembros de la familia, amigos y colaboradores. Extiéndanlo aún más hacia otra gente en sus vidas. Extiéndanlo a una persona, a un grupo de gente, a otro grupo cultural, a otro grupo religioso, o a un grupo de personas de otra nación. Con la práctica, podrán sintonizarse con la manera como su alma ama al mundo. En un ejercicio final, permitan que este amor abarque a todo el planeta.

CINCO

Valentía

La valentía es una cualidad del alma empoderada. Nuestra alma vive en un estado perpetuo sin miedo. Es la fuente de todo poder y no conoce el miedo. Al contactarnos con nuestra alma, podemos acceder a este estado de valentía, para que podamos enfrentar nuestros temores y problemas con renovada confianza y seguridad.

Todos enfrentamos situaciones que desafían aun a los más fuertes. Podemos sufrir un accidente que nos debilita, haciéndonos débiles e indefensos. Puede que nuestro hijo haya contraído una grave enfermedad y cuando nos pide ayuda, nos sintamos incapaces de aliviar su dolor. Podemos dar a luz a un hijo con un problema mental que requiere de toda nuestra paciencia y valor para ayudarlo a pasar por la vida. Un ser amado se entera de que tiene una enfermedad mortal, y debemos estar a su lado hasta el final de sus días. Un incendio, inundación o tornado destruyen nuestro hogar y todas nuestras pertenencias. La compañía a la que le dedicamos treinta años de nuestro esfuerzo, está reduciendo el personal y nos despiden, dejándonos en la incertidumbre acerca de nuestro futuro. Pocas personas pasan por la vida sin el reto de enfrentar alguna aflicción.

La parábola de la semilla de mostaza ilustra que a pesar de lo cómodos que estemos, no podemos esperar recorrer la carrera de obstáculos de la vida sin enfrentar situaciones que requieran de nuestro valor. Una mujer acudió al Señor Buda llorando amargamente porque su único hijo había fallecido. Sosteniendo el cadáver de su hijo en sus brazos, le rogó al Señor Buda que le devolviera la vida al joven. El Señor Buda, en su sabiduría, le explicó a ella amorosamente que esto no era posible. La vida es transitoria y tarde o temprano todos tenemos que morir, le dijo. Ella con obstinación se negaba a aceptar esta respuesta y le rogaba apasionadamente que hiciera un milagro y reviviera a su hijo.

El Señor Buda finalmente asintió y le dijo: "Está bien, le devolveré la vida tu hijo con una condición".

"¿Y cuál es esta?", preguntó la mujer.

"Lo haré solo si me traes una semilla de mostaza de un hogar en donde la familia no haya tenido ninguna muerte".

Alentada por la esperanza de que esto sería una tarea fácil, la mujer partió en busca de la semilla de mostaza. Cuando llegó a la primera casa, tocó a la puerta y una pareja le dijo.

"¿En qué podemos servirte?", preguntaron.

Mi hijo acaba de morir y el Señor Buda accedió a devolverle la vida si le llevo una semilla de mostaza del hogar de una familia donde no haya muerto nadie".

La mujer de la casa con simpatía pero con frustración, le dijo: "Nosotros también acabamos de perder a nuestro padre hace varias semanas, nuestras cosechas no son buenas este año y no tenemos lo suficiente para alimentar a nuestros hijos. Sentimos tu pérdida, pero has venido a la casa equivocada". La madre les agradeció y siguió a la casa siguiente. Pasó el día de casa en casa y descubrió que todos sus vecinos habían sufrido alguna calamidad o pena. Durante varios días continuó su búsqueda. No había un solo hogar que no tuviera una historia triste que contar. Agotada, regresó donde el Señor Buda con las manos vacías, y comprendió que nadie está exento del dolor en uno u otro momento, y que la muerte de su hijo era una parte inevitable de la vida.

Los desafíos son parte de la vida

Muchos de nosotros no estamos preparados para enfrentar los retos de la vida. A menudo encontramos que en tiempos difíciles, nos derrumbamos bajo la presión. Animadamente nos ocupamos de un ser amado enfermo por los primeros días o semanas, pero a medida que continúa la enfermedad y no hay cambio en su condición, empezamos a sentir que la tensión de esta situación amenaza nuestra ecuanimidad y paciencia.

Los problemas y fracasos prolongados a menudo agotan nuestra resistencia. Si perdemos nuestro empleo, nos sentimos animados en las primeras semanas porque pensamos que pronto encontraremos un trabajo mejor. Pero después de meses de búsqueda infructuosa empezamos a sentirnos deprimidos y desesperados. Un hijo que recibe una mala nota de vez en cuando puede decepcionarnos, pero sí año tras año continúa fallando en la escuela, nos sentimos desanimados y frustrados.

Nuestra búsqueda de una pareja perfecta puede ponernos ansiosos, y si no la encontramos después de varios años, podemos desarrollar una ansiedad que se manifiesta con todos sus síntomas físicos. Por otra parte, los que están involucrados en un matrimonio fracasado y buscan la separación, pasan por el dolor de la pérdida con todas las tensiones que ello conlleva.

No podemos acabar con los retos de la vida. No tenemos control sobre el universo externo. No podemos decir con seguridad que no perderemos nuestro empleo, nuestro hogar, nuestra riqueza o a un ser amado. No podemos impedir que los huracanes, volcanes, terremotos, tsunamis y tornados causen destrucción. No podemos detener el inevitable fin de nuestra vida física. Lo que podemos hacer es enfrentar estos retos con un sentido de valentía para que el temor y la desesperación no nos incapaciten.

¿Por qué sentimos miedo?

El miedo surge de la duda y de lo desconocido. Cuando dudamos sobre el resultado de algo, se abren las puertas del miedo. Cuando dudamos de nosotros mismos, tenemos miedo de tomar la decisión equivocada o cometer un error. Si dudamos de nuestras habilidades, nos da miedo fracasar en una competencia o prueba. Cuando dudamos de que las cosas salgan bien, tenemos miedo a las consecuencias. Si dudamos de la existencia de un poder controlador, vivimos sujetos al temor de que sucedan accidentes y sucesos fortuitos.

La mentira también conduce al miedo. Si decimos una mentira, vivimos con el miedo de ser descubiertos. Debemos crear una complicada red de mentiras para sustentar la primera. El número de mentiras aumenta tanto, que es difícil mantener claro qué fue lo que dijimos, a quién y cuándo. En vez de terminar la situación confesando la verdad, pasamos semanas, meses y hasta años, inventando historias para encubrir la mentira inicial. Nos asalta el miedo cada vez que alguien se acerca a la verdad, porque pensamos que seremos descubiertos y tendremos que afrontar las consecuencias del acto que estábamos tratando de ocultar. Tenemos miedo de ser débiles. Los niños en el patio de la escuela tienen miedo a ser acosados. Cada día, cuando regresa al colegio, el niño débil tiene miedo a ser agredido físicamente por los más grandes. En el sitio de trabajo, el empleado tiene miedo del patrón. El patrón tiene en sus manos el futuro de nuestro empleo y salario. Podemos sentirnos débiles e impotentes para hablar de las injusticias en el trabajo, porque quienes tienen el poder pueden tomar represalias y castigarnos por hacer eso. Si examinamos nuestras vidas, encontramos que tenemos miedo de muchas cosas. Cuando niños tenemos miedo y preocupación por el tiempo que tendremos a nuestros padres para apoyarnos. Como estudiantes, tenemos miedo de no pasar los exámenes. Como padres, tenemos miedo de que nuestros hijos no sean saludables o no resulten buenas personas. Como propietarios de negocios, nos preocupa que nos supere la competencia. Cada uno de nosotros tiene miedo de uno u otro aspecto de la vida. Detrás de todos estos miedos, en el fondo de cada uno de nosotros existe el temor a lo desconocido.

Lord Mountbatten, el último virrey británico y gobernador general de la India, antes de que ésta obtuviera su independencia, le tenía miedo a la oscuridad cuando niño. Vacilaba en acostarse solo. Cuando su padre le preguntó por qué tenía miedo, el pequeño Louis Mountbatten contestó: "No le tengo miedo a la oscuridad sino a los lobos que hay aquí". Cuando el padre le dijo: "No hay lobos en la casa", el niño respondió: "Me atrevería a decir que no los hay, ¡pero pienso que los hay!"

Sentimos más miedo por lo que creemos que existe, que por lo que existe en realidad. Los que temen a la muerte, en verdad le tienen miedo a lo desconocido. Todos sabemos que algún día vamos a morir. Muchos creen que la destrucción de nosotros mismos es el final de nuestra existencia. Ese miedo trata siempre de consumirnos, de una manera u otra. La gente teme a lo desconocido, porque este puede ser desagradable o doloroso. Al no saber qué sucederá, la ansiedad y el miedo van en aumento dentro de ellos. Hay muchas personas que no creen que haya vida después de la muerte. Lo que temen es entonces al desconocimiento de cómo van a morir y lo que van a experimentar a la hora de la muerte. Temen al dolor de la muerte. El miedo a lo desconocido está constantemente presente en el fondo de nuestra mente durante toda la vida.

La valentía del alma

Nuestra alma que es totalmente consciente, es una parte de Dios y, por lo tanto, no tiene miedo, ya que Dios es omnisciente y el alma es una con el Señor, ella es Dios en miniatura. Dios no siente temor y el alma tampoco. Es solo cuando estamos fuera de contacto con nuestra alma que empezamos a tener miedo. El alma es la Verdad, es totalmente consciente. Estar en conexión con la Verdad absoluta significa no tener miedo. Por ello, no hay miedo en el alma.

La cualidad de la sabiduría del alma le da acceso al conocimiento de todo lo que existe. No hay nada potencialmente desconocido para el alma. Sabe lo que es y lo que será. ¿A qué le tiene miedo? Aquellos que se han puesto en contacto con su alma, los santos, místicos, profetas y seres iluminados, han llegado a comprender el proceso de la muerte por experiencia directa. Este conocimiento elimina el temor a la muerte.

Los santos nos dicen que lo que muere es el cuerpo físico, que es hecho de materia. Como está hecho de materia, se deteriora, descompone y finalmente se destruye. Pero nuestro verdadero ser, nuestro espíritu o alma es eterno. Vive para siempre. Lo que llamamos muerte en este mundo, es solo la muerte física. Para el alma es solo un cambio de vestidura. Por lo tanto, lo primero que debemos comprender es que nuestra alma es imperecedera. Existió en el principio, existe ahora y existirá siempre. La destrucción del alma es imposible; esta es eterna. Si podemos experimentar esto por sí mismos, eliminaremos uno de los mayores temores de la vida, la naturaleza desconocida de la muerte.

La verdad no conoce el miedo

El alma es la verdad. La falsedad vive con el temor de ser descubierta. Pero como decía a menudo Mahatma Gandhi, "La verdad siempre triunfa al final". La verdad todo lo vence. Si vivimos en la verdad, no tenemos nada que temer.

Tal vez no queramos reconocerlo, pero el universo está gobernado por ciertas leyes. La ignorancia de la ley no es excusa. Tal vez pensemos que podemos engañar a los demás, engañarnos a sí mismos y engañar a Dios, pero no lo lograremos. Tarde o temprano, la verdad se manifiesta y debemos pagar las consecuencias de nuestros actos.

Si leemos los periódicos, encontramos que unos ladrones pudieron asaltar un banco y escapar. Los padres mienten a sus hijos y los hijos mienten a sus padres. Puede que tomemos dinero que no nos pertenece en nuestro sitio de trabajo. Puede que engañemos a nuestros seres queridos. Puede que pretendamos tener un poder que en realidad no poseemos, para conseguir que otros hagan lo que deseamos. Manipulamos a los demás para lograr nuestros propósitos. Hacemos promesas que no tenemos la menor intención de cumplir. Existen numerosas clases de mentiras en las que los seres humanos están involucrados. Pero al final, la verdad nos atrapará, si no en esta vida, el día del juicio. Sin importar a qué religión pertenezcamos, somos responsables por nuestros actos. La descripción de la forma como se hace este ajuste de cuentas, puede variar de acuerdo con las enseñanzas de las diferentes religiones, pero todas las diversas descripciones provienen de una sola verdad: hay un día para el ajuste de cuentas de cada uno.

Vivir en la verdad nos libera del miedo. No tememos a las consecuencias de la mentira, ni al miedo a ser descubiertos. El prisionero que ha cumplido su condena por las malas acciones basadas en la mentira, el engaño y la deshonestidad, decide vivir una vida limpia de verdad. Qué sensación de libertad experimenta el recién liberado criminal, al despertar cada día y gozar de la vida, sin tener que mirar temeroso sobre su hombro ni preocuparse de ser atrapado. La persona que excede el límite de velocidad en las vías está siempre tensa, pendiente de que la policía pueda detenerlo por una infracción de tránsito. El conductor no puede gozar del paisaje ni de la conversación en el carro. Pero quien conduce a la velocidad permitida, no siente miedo. Puede gozar de los paisajes a lo largo del camino, de la música de la radio o las conversaciones con los demás pasajeros, sin sentirse atormentado por el miedo.

La existencia del alma es la verdad. Si podemos contactar nuestra alma, entonces nuestra verdadera naturaleza, como la verdad, gobernará nuestras vidas y nos liberará del miedo.

Desensibilizar

En términos médicos, desensibilizar a alguien es darle unas pequeñas dosis de la sustancia a la que es alérgico. Al aprender a tolerar pequeñas dosis, el cuerpo incrementa su resistencia y puede tolerar cantidades mayores de la misma sustancia que la irrita. Si comenzamos a practicar la valentía en pequeñas situaciones, podemos aumentar nuestra habilidad para manejar retos cada vez mayores. Para practicar la valentía, debemos ponernos en contacto con nuestra alma dotada de poder.

⟿ Actividad ⟿

Haz una lista de las cosas que temes. Trata de analizar tus miedos para descubrir su causa y colócalos en categorías ¿Qué miedos se basan en la duda o la mentira? ¿Cuáles se basan en el miedo a lo desconocido? Después de esto, elige uno de los miedos menores que puedas tener. Comienza el proceso de desensibilizar al eliminar uno de tus miedos menores. La siguiente actividad te puede ayudar:

Siéntate en un estado de meditación y relájate. Vas a hacerle frente a tu miedo, pero no vas a hacerlo solo. Vas a acercarte a él como un alma empoderada que es una con Dios. El alma empoderada y Dios no tienen miedo. Son valientes. Si fueras a revivir el temor que has seleccionado desde el punto de vista de tu alma empoderada, te darías cuenta de que nada puede hacerte daño. Tu alma dotada de poder siendo una con Dios es fuerte y poderosa. Ella es más fuerte que lo que temes. Tus temores desaparecen al confrontarlos con tu alma empoderada.

Realiza que tu alma empoderada es la que en verdad enfrenta los desafíos. Si te conectas con tu alma empoderada, vencerás todos los miedos y adquirirás un sentido duradero de paz y seguridad.

⟿

A este respecto, hay una historia sobre un hombre que huía de un león feroz. Horrorizado, el hombre se encontró al borde de un precipicio sin vía de escape. Al ver una rama abajo, no tuvo más remedio que lanzarse al precipicio y agarrarse de la rama para escapar del león. Creyendo que permanecería agarrado de la rama hasta que el león se fuera, sintió angustia al descubrir que un pequeño ratón roía la rama del árbol.

Al mirar hacia abajo vio que el valle estaba a miles de metros de distancia. Con el león esperándolo arriba y la larga caída abajo no sabía qué hacer. Oró a Dios pidiéndole ayuda. "¡Haré todo lo que me pidas si me salvas de ésta!", rogaba el hombre. Se sorprendió al escuchar la voz de Dios que le decía: "¿Harás cualquier cosa que te pida?". "Sí, Dios mío, ¡pero por favor sálvame!". "Muy Bien", dijo Dios, "suéltate de la rama que yo te salvaré". El hombre lo pensó por unos momentos y luego dijo: "¿No hay nadie más allá arriba con quien pueda hablar que no seas Tú?".

Nosotros también queremos que Dios nos rescate, pero somos incapaces de soltarnos y confiar en Él. Nuestra alma empoderada unida a Dios está allí con nosotros. Ella está ahí para ayudarnos a enfrentar los retos de la vida. Simplemente tenemos que dejar de lado nuestro ego e intelecto, y dejar que el alma valiente enfrente nuestros retos. Veremos que nuestras vidas se llenarán de seguridad, de confianza y fe, y nos veremos libres para caminar por nuestro sendero sin miedo.

SEIS

Conexión

L a gente alrededor del mundo se entusiasmó cuando llegó al público la computadora personal para poder almacenar y procesar información. En estos últimos años, la tecnología ha avanzado aún mucho más. Usando una computadora en nuestro escritorio en casa o un equipo portátil, ahora podemos conectarnos a todo el conocimiento disponible en otras computadoras. Con una computadora podemos acceder a las últimas noticias, los informes de la bolsa, los agentes de viajes, las tiendas de compras, informarnos de los más recientes adelantos médicos y de cualquier otro campo del conocimiento.

La conexión con la información que logramos por medio de las computadoras, es un pequeño ejemplo de la poderosa conexión que podemos conseguir con nuestra alma empoderada. El alma empoderada puede experimentar la conexión universal con todos los seres. Tomar conciencia de esta fuerza unificadora nos ayuda a darnos cuenta de nuestra unidad esencial.

Superando la separación

Muros divisorios separan a las personas. Si nacemos en una parte del mundo decimos, "soy ciudadano de tal o cual país". Si nacemos dentro de cierta religión decimos, "soy seguidor de esta o aquella religión". Las religiones son creadas por el hombre. No había budismo antes de Buda. No había cristianismo antes de Jesús. Fueron los seguidores de los grandes santos, místicos y profetas los que convirtieron sus enseñanzas en religiones.

Por lo general uno es miembro de una religión debido a las creencias de sus padres. Un niño huérfano hindú que es adoptado por padres cristianos, puede volverse cristiano. Similarmente si nacemos en cierto estado o país, vivimos según las costumbres de esa región. Por ejemplo, muchas personas adoran a Dios por medio de la oración, pero la forma de orar varía de una cultura a otra. Con frecuencia las prácticas son influenciadas por factores geográficos. Por ejemplo, en países donde abunda el agua, la gente se lava las manos antes de orar, pero en los países desérticos donde el agua escasea, frotarse las manos con arena puede ser parte de las costumbres religiosas. También, en climas cálidos existe la costumbre de quitarse los zapatos antes de entrar a un sitio sagrado, pero en climas fríos puede ser poco práctico andar descalzo. Con el tiempo, las costumbres que se originan debido al clima, se santifican y se hacen parte de las leyes religiosas. En vez de ser tolerantes con las diferentes costumbres de otras religiones, la gente usa esas diferencias como base para generar prejuicios y odios.

Otro factor divisorio es el idioma. Cuando la gente de

diferentes religiones usa palabras diferentes para describir el mismo concepto, esto se vuelve un motivo para creer que la otra religión no es tan buena como la nuestra. Por ejemplo, cada religión tiene su propio nombre para Dios, según el idioma o la cultura. Los musulmanes llaman a Dios, Alá. Los sijs, Wahe-i-Gurú. Los hindúes Paramatma. Los cristianos y los judíos lo llaman Dios o Señor. No importa a qué lengua pertenezcan, todas estas palabras se refieren al mismo Dios. Sin embargo nosotros usamos estas diferencias idiomáticas como una fuente de conflicto y separación. Olvidamos que Dios existe desde antes de que el lenguaje fuera creado.

Como seres humanos ponemos barreras a nuestro alrededor y de esta manera nos limitamos; pero nuestra alma no tiene límites. Detrás de las divisiones que creamos en el plano físico, hay una fuerza unificadora que conecta todo lo que existe. La verdad es que todos los grandes santos y místicos trataron de transmitir que todos somos parte de Dios. Somos almas, somos conciencia, estamos llenos del amor de Dios. Es solo al nivel humano que hacemos divisiones. El alma es parte de Dios, el Creador. Para que podamos en verdad comprendernos, tenemos que reconocer estas divisiones como paredes que aíslan a nuestro verdadero ser. Estas barreras nos mantienen apartados de la Verdad, y tienen que ser derrumbadas para poder comprender la unidad de todo lo que existe. Sant Darshan Singh Ji Maharaj dice en este verso:

> Qué importa si me llaman hombre,
> En verdad soy el alma misma del amor;
> La tierra entera es mi hogar
> Y el universo mi país.

Por falta del conocimiento de sí mismos, creamos la separación. Por medio de nuestra alma podemos experimentar la conexión y crear la paz y la armonía con los habitantes de este planeta.

Conexión con otra gente

El alma es luz y amor. Si pudiéramos ver a la humanidad desde un punto de vista superior, veríamos la luz que ilumina a cada alma, de la misma manera que cuando volamos en avión por la noche, y miramos hacia la tierra, vemos miríadas de luces. La luz de cada alma es una y la misma. Dios no hace diferencia entre estas luces, porque todas son de la misma esencia del Creador. La única diferencia es la forma humana externa que las rodea. Cuando experimentamos nuestra alma, logramos la misma conciencia de Dios.

Dentro de nuestras formas externas está el alma. Esto significa que en esencia no somos diferentes. Somos todo amor, toda conciencia, toda luz, toda inmortalidad. En efecto, esto nos hace parte de una sola familia. Si nos preguntan de qué raza somos, todos debemos responder que somos parte de la raza humana.

Consideremos a nuestros padres. Una generación antes de ellos, dos parejas los engendraron y en otra generación anterior, ocho personas engendraron a esas cuatro y en la generación anterior hubo dieciséis personas. Si retrocedemos lo suficiente, encontraremos que la población humana era pequeña y que todos estamos conectados en algún punto por los mismos ancestros.

Si reconstruimos el árbol genealógico humano durante siglos, descubriremos que somos verdaderos primos extraviados hace mucho tiempo. ¿Quién entonces puede ser un extraño? Nadie. Todos somos hermanos y hermanas en la familia universal. Si tan solo pudiéramos tratar a los seres humanos de esta forma, no surgiría el tema de las divisiones basadas en las diferencias externas.

Se siente tanta alegría al verse uno conectado con las demás personas. Qué satisfactorio será nuestro día, si caminamos sonriendo y saludando a todos los que nos encontramos, en vez de pasar por su lado como si fueran extraños. Si tomáramos un momento para decir algo agradable a nuestros compañeros de trabajo, al cartero, al tendero, al chofer del bus, al ascensorista, al recolector de basura, como si fueran nuestros amigos o parientes, les haríamos sentir especiales ese día. No hay palabras para describir la dicha interna que sentimos cuando hacemos feliz a alguien.

Se dice que es mejor dar que recibir. ¿Por qué? Cuando damos, nuestro corazón se expande. Cuando somos bondadosos, nos ponemos en contacto con Dios. Cuando nos sentimos conectados con otras personas, nos conectamos con el Señor.

Esto me recuerda la historia de Abou Ben Adham. Era un buen hombre que amaba a sus semejantes. Una noche lo despertó un ángel que estaba sentado escribiendo algo en un gran libro.

"¿Qué estás escribiendo?" le preguntó Abou Ben Adham.

El ángel contestó: "Estoy escribiendo los nombres de los que aman al Señor". "¿Aparece mi nombre allí?", preguntó Abou Ben Adham. El ángel revisó y dijo: "No, no lo veo aquí".

Al escuchar esto, Abou Ben Adham replicó: "Por favor anótame en la lista de los que aman a sus semejantes". El ángel así lo hizo y desapareció.

El ángel regresó la noche siguiente, abrió el libro y le mostró a Abou Ben Adham su nombre explicándole: "Hablé con Dios y Él ha colocado tu nombre encabezando la lista de los que aman a Dios".

Al amar a sus semejantes, Abou Ben Adham estaba, en efecto, amando a Dios. Los que aman a sus semejantes son los verdaderos amantes de Dios.

Conexión con los animales

Los que están conectados de verdad con Dios, sienten amor por todas las criaturas, grandes y pequeñas. La luz de Dios ilumina a todas las formas de vida. Él está presente tanto en la hormiga como en el león, en el pez o en las aves. Podemos presenciar la gloria resplandeciente de Dios cuando contemplamos la vida con los ojos del alma. Con esa perspectiva, desarrollamos amor por todos.

La siguiente historia ilustra la universalidad del amor que los santos tienen aún por los animales. Saín, un santo de la India, estaba preparando un pan sin levadura, llamado chapati. Un perro entró a su habitación, le arrebató el chapati y salió corriendo. Saín lo persiguió mientras lo observaban los vecinos.

"Mírenlo a él, persiguiendo a ese perro por un simple chapati", comentaron.

Pero los espectadores quedaron atónitos cuando escucharon a Saín gritarle al perro: "Espera, déjame también untarle mantequilla a tu pan". Para Saín el perro había entrado a su hogar como el mejor de los huéspedes, y así como uno naturalmente le sirve a un huésped chapati con mantequilla, Saín también quería tratar a su visitante canino de una manera hospitalaria.

La tradición jaína, estimula un gran respeto por todas las formas de vida. Por esta razón los jaínos usan una máscara en la cara para no aspirar y causar la muerte de ningún organismo viviente que habite en el aire. Ellos barren el camino frente a ellos antes de dar cada paso, para no pisar ningún insecto.

Nuestra alma camina suavemente por el camino de la vida. Ella tiene la capacidad de reconocer a Dios en todas las formas vivientes, y no le quitará la vida de ninguno de sus hijos. Cuando miramos la vida con la conciencia de nuestra alma empoderada, comenzamos a vivir de una manera más noble y a respetar a todas las formas de vida. Esta es una de las razones por la que muchas personas que están en contacto con su alma adoptan una dieta vegetariana. Ellos sienten que Dios ha proporcionado alimento suficiente en la forma de plantas para sustentarnos, y que no es necesario quitarles la vida a los animales, a las aves o a los peces para alimentarnos.

Los budistas, jaínos e hindús, por igual, no le quitan la vida a ninguna criatura, pues reconocen que el alma reencarna a veces en la forma humana, así como en otras formas de vida. De acuerdo con su punto de vista, toda forma de vida tiene alma y cada alma tiene tanto derecho a vivir como los seres humanos. Ellos también reconocen la ley del karma que dice que tenemos que responder por todo lo que hagamos. Si tomamos una vida, algún día tendremos que pagar por ello.

Hay una historia maravillosa en los Cuentos Jataka de los budistas. En tiempos antiguos algunas personas tenían la costumbre de sacrificar animales como ofrenda a los muertos. Un día un profesor le dijo a sus estudiantes: "Quiero que me traigan una cabra para ofrecerla a los muertos. Busquen una cabra, llévenla al río y báñenla. Cuando esté limpia, pónganle una guirnalda de flores en el cuello". Los estudiantes salieron a buscar la cabra y cuando la encontraron cumplieron las instrucciones.

Mientras la bañaban y preparaban, el animal comenzó a reír y los estudiantes se asombraron. Después la cabra comenzó a llorar.

En vista de esta conducta tan extraña, los estudiantes le preguntaron: "Oh cabra, ¿por qué ríes y después lloras?".

La cabra respondió: "Pregúntenme esto de nuevo en presencia de su profesor". Los estudiantes llevaron a la cabra donde él y le relataron lo sucedido.

El profesor preguntó de nuevo: "Oh cabra, ¿por qué reíste y luego lloraste?".

La cabra explicó: "En una de mis vidas anteriores yo era un maestro como tú. También quería hacer una ofrenda a los muertos y por eso maté una cabra. Por haber matado esa cabra, tenía que ser degollado quinientas veces. Este es mi quingentésimo (500) y último nacimiento. Reía de felicidad porque hoy me veré libre de las consecuencias de aquella mala acción que cometí.

Después el profesor le preguntó: "¿Y entonces qué te hizo llorar?".

La cabra respondió: "Lloré al pensar que cuando tú me mates, tendrás que morir quinientas veces de la misma manera en tus vidas futuras. Lloré porque sentí lástima de ti".

El maestro temiendo el destino que le esperaba si mataba a la cabra, le dijo: "No temas cabra, no te mataré".

La cabra replicó: "A pesar de si me matas o no, hoy es el día que me toca morir".

El maestro insistió: "No te preocupes, te protegeré y me aseguraré que nadie te haga daño".

La cabra le dijo: "Ninguna protección me salvará. No puedo dejar de pagar por mis acciones pasadas".

El maestro insistió en salvar a la cabra y les ordenó a sus estudiantes que la cuidaran todo el día para asegurarse de que nada le pasara.

Más tarde la cabra sintió hambre y les dijo a los estudiantes: "Hay un arbusto cerca de la cima de esa peña. Voy a subir para comer las hojas de allí". Mientras la cabra se comía las hojas, cayó un rayo sobre la peña y un pedazo de roca se desprendió y cortó su cuello, matándola al instante.

Cuando los discípulos del Señor Buda lo interrogaron sobre esta historia, él contestó: "Si ustedes por lo menos entendieran que tienen que pagar por sus actos, no volverían a matar a ningún animal ni a ningún ser viviente. Tienen que pagar por todas sus malas acciones".

Algunas personas son vegetarianas debido a sus creencias religiosas, ya sea porque creen en el karma o en el día del juicio o porque creen en el mandamiento "no matarás". Otros siguen la dieta vegetariana porque creen que los animales tienen derecho a vivir o porque piensan que uno no debe quitar una vida si no puede reponerla. A través de la historia han existido muchos vegetarianos notables. Los primeros filósofos griegos como Platón, Plotino, Empédocles, Apolonio, Plutarco y Porfirio siguieron dietas vegetarianas. Pitágoras instruía a sus seguidores para que no mancillaran sus cuerpos tomando comidas impuras. Afirmaba que tenemos abundantes granos y árboles cargados de deliciosas frutas, verduras y legumbres fáciles de preparar y que no hay escasez de leche y miel. Les decía que la tierra contiene abundantes alimentos puros e inofensivos, y que no hay necesidad de ingerir alimentos por los que se tenga que derramar sangre, sacrificando vidas inocentes. Sir Isaac Newton, Ashoka el Grande, el Emperador Akbar, Percy Bysshe Shelley, León Tolstoy, Leonardo da Vinci, Albert Schweitzer, George Bernard Shaw y Mahatma Gandhi fueron también renombrados vegetarianos.

Cuando vivimos la vida de acuerdo a la orientación del alma empoderada, se nos hace difícil, si no imposible, comer la carne de los seres vivientes, porque vemos en ellos la Luz de Dios. Comenzamos a sentir la misma afinidad con nuestros hermanos menores, al igual que San Francisco de Asís. Rabia Basri, una gran santa sufí también experimentaba la conexión con todas las criaturas de Dios. Una vez cuando ella fue a las montañas, se encontró rodeada por un grupo de animales salvajes, venados, gacelas, cabras montañesas y asnos salvajes. Todos se le acercaban silenciosamente. En ese momento llegó Hasan al Basri, pero cuando los animales lo vieron huyeron aterrorizados.

Muy molesto le preguntó a Rabia: "¿Por qué ellos huyeron de mí atemorizados mientras contigo se acercaban en forma amigable?"

Rabia le preguntó: "¿Qué comiste hoy?"

Él dijo: "Cebollas fritas en manteca animal".

Ella señaló: "Si comes su grasa, ¿por qué no habrían de huir de ti?"

El alma dotada de poder respeta y reverencia a todas las formas de vida. Cuando nos ponemos en contacto con nuestra alma, nuestro corazón se expande al invocar la conexión con todas las criaturas vivientes.

Conexión con nuestro planeta

Cada año se incendian millones de acres de bosques húmedos. La gente destruye los árboles que generan la vida, para convertir los bosques en tierras de cultivo más rentables. Los árboles son esenciales para la producción del oxígeno que mantiene la vida en nuestro planeta. Por medio del proceso de fotosíntesis, los árboles absorben el dióxido de carbono que exhalamos y con la ayuda del agua y de la luz solar, convierten esos ingredientes en oxígeno para que podamos respirar, y en carbohidratos en forma de alimentos vegetales para que podamos comer. Sin embargo, una de las fuentes más grandes de oxígeno, los bosques húmedos, están siendo destruidos.

El alma ve todo esto desde una visión muy amplia. Ve cómo los seres humanos, las plantas, los animales, los recursos naturales y los ciclos de la tierra son todos interdependientes. El alma ve que para que continúe la vida, debemos ser conscientes de los problemas ecológicos. El aire y el agua contaminados significan posibles enfermedades, no solo para nuestra población actual, sino también para las generaciones futuras. Si hoy destruimos la tierra y desperdiciamos sus valiosos recursos, privamos a nuestros hijos y nietos de lo que necesitan para una vida cómoda y productiva en el futuro. Cuando nos conectamos con nuestra alma, nos movemos a tomar decisiones referentes a los recursos del planeta para que beneficien de toda la humanidad, presente y futura, y no solo a nuestros propios fines egoístas. Nos movemos personalmente a cuidar de la tierra, y de esa manera ayudamos a tomar decisiones globales para mantener al planeta libre de contaminación y destrucción.

Ser Uno con nuestra alma

Cuando hablamos de estar conectados con nuestra alma, en realidad nos referimos a la autorrealización. Somos almas encarnadas, almas vestidas con una mente y un cuerpo. Por lo tanto, la conexión con nuestra alma involucra un proceso de cambio de nuestra visión, para ver que somos más que una mente y un cuerpo. Cuando nos identificamos con nuestra alma, la empoderamos para que guíe nuestras vidas. Entonces pensamos, actuamos y hablamos desde el nivel del alma.

Pensar, hablar y actuar desde el poder central guiador de nuestra alma, transforma nuestras vidas. La manera como vemos al mundo y cómo le respondemos a este, ya no estará teñida por el velo de nuestro ego; en cambio, el poder vibrante y vivificante de Dios en todo se manifestará con toda claridad. El alma responde y actúa frente a la gente y a la naturaleza como luces móviles de Dios. Esta actúa según los más elevados principios de la verdad, la no-violencia, la pureza, la humildad, el amor y el servicio desinteresado, porque verá la interconexión entre todas las cosas vivientes, entre toda la gente, y el planeta.

Nuestra alma nos pone en contacto con la sabiduría eterna, la inmortalidad, la verdad, la paz y el amor. Al vivir desde esta perspectiva, permanecemos en un espíritu de alegría y felicidad. Somos valientes, amamos a todo el mundo, tenemos acceso a la sabiduría divina y estamos sintonizados con nuestra naturaleza inmortal.

Ser Uno con Dios

Ser uno con nuestra alma conduce a la unión con Dios. El alma es una gota de Dios y se puede fundir en Dios. Piensen en una gota de agua encima de una mesa. Si derramamos un vaso de agua cerca de esta, el agua pasará por la gota. La gota se unirá automáticamente a la corriente de agua. Sigue siendo una gota, pero ahora se ha vuelto parte de una corriente mayor. Una gota de lluvia cae en el océano y se vuelve parte de todo el océano. Aun así mantiene su identidad como gota de agua, pero al ser parte del océano, participa de todas sus cualidades. Así sucede con nuestra alma. Cuando nos identificamos con el alma, y el poder de Dios se nos acerca, nos fundimos en el océano de Dios. Mantenemos nuestra identidad, pero también tenemos acceso a todo lo que es Dios.

✧ Actividad ✧

El siguiente ejercicio es una analogía que nos puede dar una sensación de estar conectados con todas las formas de vida. Imagínate una gota de agua. Imagínate una corriente que fluye cerca de ella. La gota es atraída hacia la corriente y se funde en ella. La corriente entra en el océano cuando tu alma se conecta con el océano de la vida.

Los santos, fundadores de religiones y místicos han hablado de la fusión del alma con el océano eterno. Estos visionarios han recurrido a analogías, debido a que nuestro lenguaje es inadecuado para describir una experiencia que está más allá del intelecto. Por ello, una imagen común es la gota sumergiéndose en el océano o el rayo de luz fundiéndose en el sol. Donde había dos, ahora solamente hay uno.

Con respecto a esto Cristo dijo:

Mi padre y yo somos uno

Shams-I-Tabrez, el santo sufí dijo:

Nos hemos unido de tal manera, como cuerpo y alma, que de aquí en adelante nadie puede decir que soy diferente de Ti.

En la tradición hindú, en el Manduca Upanishad, el estado de unidad se describe así:

De la misma manera que los arroyos de la montaña caen en el océano y pierden sus nombres y su existencia individual, después de pasar por diferentes planicies, así también, los conocedores de Brahmán (Dios) se sumergen en el ilustre y resplandeciente Ser, perdiendo su nombre y su forma.

El alma conectada con Dios se vuelve indistinguible de Dios. Desaparece la dualidad. El conocimiento del alma precede a la unión con Dios. Primero debemos identificarnos con el alma en vez de hacerlo con nuestra mente y cuerpo. Es solo cuando experimentamos nuestra alma, que podemos reenfocar nuestra atención de la puerta del mundo a la puerta de las regiones espirituales. El alma puede entonces viajar a través de las regiones espirituales para fundirse en Dios.

SIETE

Bienaventuranza

O tra cualidad del alma es la bienaventuranza interminable, insondable y eterna. El alma vive en un estado de perpetuo bienestar y felicidad. Está rebosando de un éxtasis que la arroba día y noche. Es difícil describir la intensidad de este bienestar. La única analogía que podemos dar es cuando pensamos en nuestros momentos más felices en este mundo y los multiplicamos por mil veces. Por ejemplo, hay momentos de gran alegría cuando nos casamos, tenemos un hijo, recibimos un ascenso, somos reconocidos por el trabajo de nuestra vida, ganamos un campeonato, salvamos una vida o alcanzamos una meta. Puede que sea difícil imaginar esto, pero las alegrías que sentimos en estos momentos son apenas un indicio de la dicha que experimentamos en las profundidades del alma. Si podemos volver a conectarnos con el alma, un éxtasis interminable permanecerá con nosotros durante todo el día, fortaleciéndonos contra las adversidades de la vida.

Liberación del dolor y el sufrimiento

Dios ha sido descrito por los santos y místicos como un océano de amor y bienaventuranza, libre de dolor y tristeza. El alma siendo de la misma esencia de Dios, también está llena de amor y regocijo. En su esencia primordial, el alma está siempre arrobada y en éxtasis. Nuestra alma en su estado original está libre de odios, celos, dolor y sufrimiento. No hay nada dentro del alma que le ocasione infelicidad.

Es difícil para el ser humano comprender cómo es este estado, porque estamos envueltos en sufrimiento, dolores, celos, odios y pequeñas diferencias. Si reflexionamos sobre nuestra vida, puede que experimentemos más momentos de infelicidad que de dicha. Como Sant Darshan Singh Ji Maharaj una vez escribiera en un verso acerca de la condición humana:

> Incluso si una alegría apareció en mi camino,
> Me demostró ser efímera,
> Pero toda tristeza que recibí
> Me pareció eterna.

Nosotros a veces experimentamos momentos de felicidad, pero parece ser que cuando enfrentamos las aflicciones, sentimos como si estas fueran interminables. Si el alma vive en bienaventuranza, la pregunta es, ¿por qué los seres humanos sufrimos y padecemos? Gurú Nanak Dev Ji, al hablar de la condición humana dijo: "¡Oh Nanak, el mundo entero está lleno de dolor!".

Si le damos poder a nuestra mente y cuerpo, en vez de empoderar al alma, estaremos muy lejos del néctar divino de la bienaventuranza que espera en nuestro interior. Somos inconscientes del verdadero estado de felicidad. La razón por la que sentimos infelicidad y dolor es porque vivimos en el reino de los sentidos. Es como vivir en un sueño. Todo parece real. Mientras no despertemos del sueño, nuestra existencia física parece ser real. Es como si fuéramos la Bella Durmiente. Mientras no venga el Príncipe Encantador y la despierte del sueño con un beso, ella seguirá inconsciente. Nosotros también estamos durmiendo. Tenemos que despertar de este sueño y experimentar la realidad de nuestra alma. Cuando lo logremos, permaneceremos en un estado de alegría perpetua.

La dicha suprema se puede alcanzar cuando dejemos de identificarnos con el cuerpo, la mente y los sentidos, y en cambio vivamos en la realidad del alma. Para conectarnos con el estado de bienaventuranza, tenemos que retirar la atención del mundo y enfocarla internamente. Nos encontraremos libres de tristeza y dolor.

El estado de bienaventuranza que goza el alma está más allá de cualquier experiencia de este mundo. Los santos y los místicos han alcanzado estos estados de éxtasis, y han tenido que recurrir a metáforas y analogías para describirlos. Han comparado el éxtasis interno con el matrimonio, con la relación entre el amante y el amado, con el amor entre y un padre y su hijo, con la bebida de un néctar embriagante, con beber el agua de vida, con la absorción en la música celestial, o con escenas de bellísimos jardines multicolor, con fuentes cristalinas de agua dulce, ríos de agua corriendo a raudales o a veces en forma de apacibles lagos. Cada persona experimenta la dicha a su manera. Aun cuando el lenguaje sea diferente, la dicha es una y la misma.

Néctar embriagante

La analogía de la bienaventuranza con la bebida del néctar divino aparece en muchas tradiciones religiosas. Los sufíes y musulmanes hablan de ella como Aab-i-hayat o "el Agua de la Vida". Los hindúes la llaman Amrit o "Agua de la Inmortalidad". Los cristianos la llaman "El Agua de Vida". Los sijs la llaman Hari Ras o "Ambrosía Divina".

En el Gurbani de los sijs se hacen muchas referencias al Hari Ras. La gente bebe vino o usa drogas para llegar a un estado de embriaguez. Pero los santos y los místicos no necesitan beber vino ni usar drogas para sentirse embriagados; el contacto con su alma y con Dios produce una embriaguez que supera con creces cualquier otro embriagante de este mundo. Las escrituras sijs dicen:

> Aquel que ha despertado y bebido
> de esta Ambrosía,
> Solo él conoce la historia indescriptible.
>
> (M 5 Gauri 13-16)

Y:

> Abandona el amor por el agua insípida de la maldad,
> Y bebe de la Ambrosía divina del Nombre del Señor.
> Por no probarla, miríadas se han ahogado,
> Y nuestra alma nunca ha estado en paz.
>
> (M 5 Bilawal 802-819)

Los embriagantes de este mundo no son duraderos. Aquellos que tratan de ahogar sus tristezas en el alcohol o las drogas, no encuentran la dicha permanente. Puede que logren un estado temporal en el que olvidan los problemas, pero cuando se acaba el efecto del vino o las drogas, de nuevo encaran las mismas dificultades. No solo siguen enfrentando los mismos desafíos, sino que a menudo han empeorado estos problemas, porque ahora necesitan dinero para comprar drogas y alcohol, y ese comportamiento destructivo puede ser dañino para su salud y su seguridad, así como para los demás. Por otro lado, la embriaguez que se obtiene cuando se prueba la dicha del alma, es permanente y duradera. Es segura. No daña a nadie y está siempre disponible, libre de costo, en cualquier momento que uno desee disfrutarla. Gurú Arjan Dev ha dicho:

> Permanece siempre embriagado aquel
>   que bebe de la Ambrosía.
> Otros usan embriagantes, pero su efecto
>   pronto se acaba.
> La persona embriagada de Dios bebe de la Ambrosía;
> Para ella las demás bebidas se vuelven insípidas.
>
> (M 5 Asa 377-11)

Y:

> Pura es la Luz y el Jugo de Soma es el Verbo,
> Un contacto con ellos otorga una vida desprendida de
>   dicha eterna.
>
> (Ramkali M 5)

En la Biblia, Cristo dice:

> Y el que tiene sed, venga; y el que quiera, tome del agua
>   de la vida gratuitamente.
>
> (Apocalipsis 22:17)

> El que bebiere del agua que yo le dé, nunca tendrá sed;
>   porque el agua que le daré será de un pozo de agua
>   que brota hacia la vida eterna.
>
> (Juan 4:14)

Así como necesitamos beber agua para calmar la sed, la sed del alma se calma con el amor de Dios. Ese amor fluye como un río eterno que baña a todas las almas. El alma durmiente permanece inconsciente de su estado original de bienaventuranza, en contraste el alma empoderada es consciente de ese amor y siente un éxtasis maravilloso todo el tiempo.

La bienaventuranza de la unión Divina

Muchos santos y místicos se refieren a la dicha del alma en términos de la felicidad que sienten un novio y una novia el día de su boda. Las imágenes del amante y el amado, de la novia y el novio, de la novia y el esposo eterno, describen la relación del alma y Dios fundiéndose en un estado de amor embriagante y dichoso.

Mira Bai, una santa de la India, se consideraba a sí misma casada con el Señor. Ella escribió:

> Perpetuas son las nupcias de Mira Bai,
> Casada como está con el Novio eterno.

Y:

> He hallado la realización eterna,
> Porque estoy casada con el Señor inmortal.

Además de la imagen del novio y la novia en el momento del matrimonio, los santos hablan de la consumación del matrimonio como un ejemplo de la dicha de la unión entre el alma y Dios. Por ejemplo Santa Teresa de Ávila, una mística cristiana, nos dejó numerosos escritos que proveen una clara percepción de la dicha que experimentó. En el Castillo Interior, Sexta morada, Capítulo XI, describe la dicha como "penetrante hasta la médula de los huesos, mientras los placeres terrenos afectan solamente la superficie de los sentidos".

Kabir también habla acerca del éxtasis de la unión del alma cuando se reúne con Dios:

> Cuando el amor me golpeó y penetró en lo
> profundo de mi corazón;
> Cada poro del cuerpo gritó, "¡Oh! Amado mío.
> ¡Oh! Amado mío".
> Sin la ayuda de los labios se expresa eso.
> (Sufíes, Místicos y Yoguis, p. 231)

En otro verso, Él dice:

> He apretado la copa del amor a mi corazón,
> Y esta ha impregnado cada poro de mi cuerpo.
> Ahora no necesito de ninguna otra medicina.
> (Sufíes, Místicos y Yoguis de India, p. 232)

Los que leen estas citas pueden pensar que los santos están hablando de una relación mundana entre una amante y un amado, pero ellos, realmente, están tratando de encontrar un marco de referencia, para que relacionemos la experiencia del alma en comunión con el Señor. Como la experiencia en sí no puede ser descrita en palabras, la analogía del amante y el amado solo nos puede dar un indicio de lo que sería la unión con el Señor.

San Juan de la Cruz escribe en su trabajo *"El ascenso al Monte Carmelo"*:

> Quédeme y olvídeme,
> El rostro recliné sobre el Amado,
> Cesó todo y déjeme,
> Dejando mi cuidado
> Entre las azucenas olvidado. [1]

El místico cristiano alemán Maestro Eckhart escribió:

> ¡Oh, maravilla de las maravillas, cuando pienso en la unión que tiene el alma con Dios! Él hace que el alma

arrobada se escape de sí misma, porque ya no está satisfecha con nada que pueda ser nombrado. La fuente del
Amor Divino fluye del alma y la saca de sí misma hasta
el Ser Innominado, hasta su Fuente Original, que es solo
Dios. [2]

Absorción en la Música celestial

Muchos místicos describen la bienaventuranza como estar
circundados con la placidez de una sinfonía celestial cuya
música fluye día y noche. El alma empoderada está siempre
escuchando la música arrobadora, pero no es la música de
este mundo. Esta no es producida por ningún instrumento ni
voz humana. Es un sonido melodioso que impregna al alma.
Esta música emana de Dios y vibra como una armonía interna
dentro de todas las almas. Es estimulante y cautivadora.
Como el canto de una sirena, esta mantiene al alma siempre
cautiva en su armonía dichosa.

Las escrituras de las diferentes religiones están llenas
de referencias a esta música interna del alma. Maulama Rumi
dice:

> Elévate sobre tu horizonte mental, Oh alma valiente,
> Y escucha el llamado de la Música que viene de lo alto. [3]

Hafiz dice:

> Un sonido incesante desciende suavemente de los cielos,
> Me maravilla que te ocupes por asuntos sin valor. [4]

Dadu Sahib dice:

> La Música eterna retumba en los cielos
> Y he bebido del Néctar divino. [5]

Gurú Arjan Dev, el quinto gurú de los sijs, dice:

Incontables son las notas de la Melodía interminable,
cuyo dulce encanto es inefable.

(Sarang M5 Naam, p. 183)

Y:

La música que todo lo penetra, resuena en todas partes,
En el corazón de todos, fluye la Música Divina.

(Vadhans M5 Naam, p. 183)

Mucha gente se siente feliz escuchando la música del mundo. La gente escucha la radio, compra cintas y discos compactos, asiste a conciertos, o crea su propia música. Son muchas las sensaciones que recibimos de la música externa, como alegría, paz, excitación o inspiración. Pero la música del alma es una experiencia que está mucho más allá de cualquier sensación que podamos recibir al escuchar la música externa. Es una experiencia cautivadora en la que nuestra alma se eleva hacia los reinos espirituales. La dicha que llena al alma al escuchar las vibraciones musicales internas, es muchas veces más grande que la de cualquier felicidad mundana. Una vez se escucha la música interna, uno quiere seguir escuchándola continuamente. Muchos de los que han escuchado la música del alma encuentran que la música externa palidece en comparación. Ellos prefieren más bien sintonizarse con la emisión que proviene de su propia alma, en vez de la de cualquier estación de radio del mundo.

Retozando en los jardines hermosos

Otra imagen de la dicha utilizada por los santos y los místicos, es la experiencia placentera de pasear por un jardín hermoso. Se considera que los jardines son unos de los lugares más maravillosos del mundo. Si alguien ha tenido la fortuna de visitar un lugar como Cachemira, en las estribaciones de los Himalayas, o los bellísimos Alpes Suizos, uno comprenderá la alegría que se siente al ver las montañas, las cascadas de agua, los bosques, los lagos, las corrientes y los hermosos jardines de flores. Es una experiencia rejuvenecedora y refrescante, el gozar de algunos de los lugares más bellos y pintorescos de la naturaleza. Sin embargo, las regiones del alma son mucho más encantadoras y asombrosas. La belleza externa de la naturaleza en este mundo, no es sino un mero reflejo de una belleza interna mucho más espectacular.

Swami Shiv Dayal Singh, un santo de India del siglo diecinueve, utilizaba frecuentemente esta imagen en su descripción de la dicha interna. Él hablaba de las fuentes que fluían, de los hermosos jardines y de los lagos de inmortalidad, en los que el alma descrita por la imagen de un hansa o cisne, se deleitaba con maravillosas delicias. Cuando él habla de las fuentes, no obstante, no se refiere al agua común, sino a las fuentes de Luz, amor y dicha. No hay materia en las regiones del alma; pero la analogía nos hace reconocer esa imagen. El comparar la dicha interna con la alegría de estar en un jardín encantador, esto nos da tan solo una prueba de lo que nos espera internamente.

La bienaventuranza permanece

La experiencia de la bienaventuranza es duradera. Sus efectos residuales permanecen con nosotros mucho tiempo después y endulzan nuestra vida. Su recuerdo a menudo nos trae a los ojos lágrimas de alegría y regocijo al corazón. Por ejemplo, San Ignacio de Loyola le confesó al Padre Laínez, que una hora de meditación en Manresa le había enseñado más verdades acerca de las cosas espirituales, que lo que le pudieron enseñarle todos sus profesores juntos. Un día tuvo una experiencia interna del plan de la sabiduría divina en la creación del mundo. Otro día su alma estaba arrobada en Dios. Recibió una vislumbre del misterio de la Santísima Trinidad. "Esta última visión inundó su corazón con tanta dulzura, que su solo recuerdo, tiempo después, le hacía derramar lágrimas en abundancia". [6] Una vez bebemos de las aguas de la inmortalidad, nos llenamos de una embriaguez incesante. Sant Darshan Singh Ji Maharaj ha escrito volúmenes sobre este tópico. Él dice: "¿Cuál es la condición de esa alma que retorna para vivir el período de vida que le queda en este mundo? ¿Cómo puede ella olvidar el éxtasis que ha experimentado, el gozo, la paz, la embriaguez que están más allá de la comprensión humana?" [7]

Sant Kirpal Singh ha dicho:

"Cuando se conoce ese gozo, ese éxtasis,
se olvidan todos los demás placeres". [8]

La bienaventuranza lo hace a uno olvidarse de su propio dolor

Tan poderosa es la dicha del alma, que uno puede en verdad padecer dolor y sufrimiento en este mundo, y mientras los siente, puede soportarlos porque está en un estado de felicidad. Esto es bien paradójico y difícil de comprender. La analogía más cercana que podríamos hacer es con ciertos medicamentos que nos administra un médico o un dentista. Uno siente el dolor pero a la mente no se molesta. El medicamento nos pone en un estado en que el dolor es experimentado por el cuerpo, pero el mensaje hacia el cerebro es bloqueado, de tal manera que uno puede soportarlo y olvidarlo, o ser inconsciente de este. Aunque esto no es más que una débil analogía, nos da una idea del efecto dual que se experimenta de los dos, tanto del dolor del mundo, como de la dicha que te baña desde dentro, para que permanezcas infectado por ello. Como dice Kabir:

> He probado muchas medicinas, pero ninguna es tan eficaz como el Amor.
> Cuando el amor comienza en una parte del cuerpo, este se esparce y convierte a todo el cuerpo en oro.

Santa teresa de Ávila ha descrito de manera muy hermosa esta condición:

> A menudo, enferma y agobiada por tremendos dolores antes del éxtasis, el alma surge llena de salud y admirable disposición para la acción... como si Dios deseara que el cuerpo mismo, ya obediente a los deseos del alma, compartiera la felicidad del alma...el alma después de tales favores se anima con un grado de valor tan grande, que si en ese momento su cuerpo fuera descuartizado, por causa de Dios, no sentiría nada, sino el alivio más vigoroso.

Este pasaje nos da una vislumbre de cómo aquel que ha experimentado al alma puede soportar incluso la tortura. Jesús no hubiera soportado su crucifixión de otra manera. Gurú Arjan Dev, el quinto Gurú de los sijs, fue martirizado. Fue obligado a sentarse sobre una plancha de hierro candente bajo la cual ardía el fuego, mientras sobre su cuerpo se vertía arena al rojo vivo. Se le formaron ampollas por todo su cuerpo. Un santo musulmán, Hazrat Mian Mir, no pudiendo soportar esto le dijo al Gurú Arjan Dev, que él estaba preparado para arrasar con todo el imperio musulmán en venganza por lo que le habían hecho. Pero Gurú Arjan Dev rehusó la oferta y le respondió: "Dulce es Su Voluntad". ¡En qué estado de dicha está el alma que soporta tal tortura y aún tiene amor y confianza en el Señor!

⋘ Actividad ⋙

> Piensa en la dicha más grande que hayas experimentado en la vida. Revive el momento. Experiméntalo a través de cada poro de tu ser. Ahora imagínate esa dicha multiplicada cien veces. Imagínate experimentando una dicha, aun cuando estés sufriendo los momentos más dolorosos de tu vida, como una enfermedad, una lesión o una pérdida. Convierte esta dicha en parte tuya, a través de todos los aspectos de tu vida.

⋙

Cuando empoderamos al alma y bebemos de su néctar dichoso, aun así nos encaramos a los dolores y problemas de la vida, pero una corriente de embriaguez nos apoya desde dentro. Son como los brazos de una madre sosteniendo a su bebé, mientras el niño recibe una inyección del médico. El amor de la madre le ayuda al niño a soportar el pinchazo. También es como el alfarero que mantiene su mano dentro de la olla de barro para mantener la forma del recipiente, mientras la máquina lo moldea con fuerza desde fuera.

Sant Darshan Singh Ji Maharaj ha escrito:

> Oro para que Tus miradas embriagadoras
> Me hagan ajeno al dolor y las tristezas, ¡Oh! Tabernero.

Esta es la condición que podemos alcanzar cuando experimentamos a nuestra alma y nos identificamos con su estado de dicha perenne.

PARTE II

Obstáculos que impiden conocer nuestra alma empoderada

OCHO

Visión limitada

El alma permanece en un estado de sabiduría, inmortalidad, amor incondicional, valentía, conexión y bienaventuranza. Sin embargo, pocos somos conscientes de su condición. Somos conscientes de nuestro cuerpo físico y nuestra mente, pero permanecemos ajenos a nuestra alma. A menudo limitamos nuestra visión al mundo externo. La mayor parte de nuestra vida la pasamos tratando con temas de la vida mundana, y pocas personas emplean el tiempo para explorar el mundo interior. Los dos mundos existen simultáneamente, pero solo hemos explorado uno. Por lo tanto permanecemos ignorantes de un territorio más hermoso y regocijante del que pudiéramos imaginar.

¿Cómo es posible que este océano ilimitado de dicha y sabiduría permanezca oculto? Somos como el pez que nada en el océano, preguntándose dónde habrá agua. ¿Cuál es la razón de nuestra visión limitada?

¿Cómo ayudan nuestro cuerpo, mente y sentidos para que el alma funcione en el mundo?

La causa fundamental del olvido de nuestro verdadero estado se debe al poder que le hemos dado a nuestra mente, cuerpo y sentidos. Cuando nacemos en una existencia humana, el alma es dotada de un cuerpo físico y una mente. Estos son necesarios para que el alma pueda funcionar en esta tierra física. El alma no está hecha de materia. Es una entidad consciente. Es espíritu, hecho de la misma esencia de Dios. Si no tuviéramos un cuerpo físico no podríamos tocar nada, ni interactuar con nada hecho de materia. No podríamos mover, agarrar ni manipular ningún objeto de este mundo. Seríamos invisibles.

Sin el cuerpo, no tendríamos un cerebro. El cerebro es como una computadora que recibe, interpreta y dirige los mensajes del mundo hacia nuestra mente y nuestra alma, y envía mensajes de respuesta. El cerebro es el centro de control para nuestros cinco sentidos. La luz que cae sobre los ojos es enviada a través del nervio óptico hacia el cerebro, donde la información es interpretada para que nuestra mente conozca lo que vemos. Las ondas de sonido que entran al oído, son enviadas a través del canal auditivo hacia nuestro cerebro, para que pueda interpretar los sonidos y las palabras que escuchamos. El área del lenguaje de nuestro cerebro comprende lo que escuchamos y genera una respuesta. El cerebro recoge la información de nuestro sentido del olfato, así como también del sentido del gusto. Los receptores de nuestra piel y de todo nuestro cuerpo, envían mensajes al cerebro acerca de lo que estamos sintiendo. Por lo tanto sabemos que hemos tocado algo frío o caliente. Estos sentidos son medios para que podamos saber dónde está nuestra alma en este mundo de tiempo y de materia. También son un medio para comunicar nuestros pensamientos, sentimientos, ideas, planes y creaciones hacia el mundo externo. Cuando necesitamos algo, el cerebro nos permite transmitir mensajes a los demás para que podamos obtener alimento, agua, oxígeno, ropa y refugio necesarios para mantener vivo nuestro cuerpo y protegernos contra los peligros que nos acechan.

Si no tuviéramos una mente, no podríamos pensar acerca de la información que recibimos del mundo. La mente tiene muchas funciones. Analiza datos, toma decisiones y hace elecciones, tiene deseos, hace planes, recuerda, crea y destruye.

La mente permanece ocupada con la información que recibe del mundo a través del cerebro. Es fácil que ella quede atrapada en el ámbito de las tentaciones y por lo tanto ser arrastrada fácilmente hacia el mundo a través de los sentidos.

La atracción externa de los sentidos

El sentido de la vista es poderoso y capta la mayor parte de las impresiones que recibimos de nuestros sentidos. Somos atraídos por bellísimas escenas, ropa hermosa y delicadas pinturas. Observamos las actividades del mundo y a menudo somos capturados en sus acontecimientos.

A través del sentido del oído somos atraídos hacia la música externa, los sonidos de la naturaleza y las conversaciones de los demás. Una buena porción de nuestro día se pasa en hablar y escuchar a los demás. Nos involucramos en conversaciones en el trabajo, en el hogar o en el juego. Nuestros hogares están llenos de sonidos de radio, televisión, música y computadoras con capacidad sonora. Hay tanto que escuchar y tanto que aprender. La mente está siempre cautivada por el parloteo de este mundo.

El resto de la información sensorial proviene de los sentidos del olfato, gusto y tacto. La mente es atrapada por los olores fragantes de la Tierra: los perfumes, el aroma de las flores, el olor de los alimentos y la naturaleza misma. Sabemos cómo nuestra mente es atraída por el sentido del gusto. Buscamos alimentos deliciosos para estimular nuestras papilas gustativas. Vamos a diferentes restaurantes para disfrutar nuevas sensaciones. Las propagandas nos seducen para que probemos nuevos sabores de alimentos y bebidas. Gastamos mucho tiempo en la búsqueda de alimentos deliciosos.

El alma, que es omnipotente, debería tener control de nuestra mente, y nuestra mente tener control sobre los sentidos. Pero las atracciones de este mundo son tan poderosas que nuestros sentidos son atraídos hacia ellas. Los mensajes enviados desde los sentidos hacia la mente son tan apremiantes, que la mente queda atrapada en ese panorama interminable. Por lo tanto, el alma queda indefensa mientras la mente se ocupa y preocupa por el mundo. El Chandogya Upanishads de los hindúes, dice:

> Este cuerpo mortal, es siempre acosado por la muerte, pero dentro de él habita el Ser inmortal. Este Ser, cuando se asocia con la conciencia del cuerpo, queda sujeto a los placeres y al dolor; y mientras prosiga con esta asociación, ningún hombre podrá verse libre del placer y del dolor.

El espíritu sutil está perdido en el mundo de la pesada materia. Sus tenues llamados pasan inadvertidos cuando la mente le compite y domina con su remolino de actividades mundanas.

¿Por qué ha sido dominada el alma?

¿Cómo pudo ser dominada un alma tan poderosa por la mente y los sentidos? La respuesta está en que la atención es la expresión externa del alma. Nuestra atención es arrastrada dentro del carnaval del mundo por la mente y los sentidos.

Imagínense a un niño asistiendo por primera vez a una feria. Los padres toman al niño de la mano mientras lo pasean por la feria. Pero una vez allí, el niño exige que lo lleven de una a otra diversión, o quiere jugar en este o aquel juego. Los padres queriendo complacer al niño, van de una atracción a otra. Similarmente la atención es arrastrada por la mente a todas partes, de un asunto del mundo a otro. El resultado es que la mente toma el control. Aunque el alma quiera recuperar el poder, la mente ha creado un hábito tan fuerte de enfocar la atención en el mundo, que al alma le queda ya muy difícil recuperar el control.

Los hábitos de la mente son fuertes. Todos sabemos cuán difícil es romper un hábito. La gente que tiene el hábito de beber o fumar, encuentra muy difícil impedir que la mente se dedique a estas actividades, aun cuando sepa conscientemente, que éstas sean dañinas para el cuerpo. Algunos encontramos que si tenemos el hábito de despertarnos todos los días a cierta hora para ir a trabajar, en nuestro día de descanso nos despertaremos a la misma hora debido a la costumbre, aun cuando no lo queramos. Hay numerosos hábitos que encontramos difíciles de romper. De igual manera la mente ha estado acostumbrada a dirigir nuestra atención hacia el mundo externo.

Si pudiéramos recuperar el control de nuestra atención y enfocarla internamente, entonces empoderaríamos a nuestra alma. Así el alma empoderada sería la dueña de casa. Descubriríamos las riquezas ocultas que esperan a ser descubiertas.

Nuestra atención se ha habituado a la conciencia del mundo

Nuestra visión está limitada al mundo externo de la mente y la materia. Desde que nacemos se nos enseña a enfocarnos en las diversiones del mundo. ¿Quién nos enseña a ir internamente? ¿Podemos recordar que nuestros padres e instructores nos hayan mostrado cómo expandir la visión de nuestro lado inexplorado? ¿Alguien alguna vez, dirigió nuestra atención hacia dentro cuando estábamos creciendo? Si no fue así, entonces nuestra atención conducida por la mente, se habituó a enfocar su visión solamente en el mundo externo. Nuestra edad, cualquiera que sea, es el tiempo que hemos estado habituados a mirar hacia fuera. Mientras más tiempo haya estado nuestra atención en el mundo externo, más arraigado está este hábito.

Piensen en la vida cotidiana. Desde el momento en que nos levantamos hasta el momento que nos retiramos por la noche, somos bombardeados por el mundo. En la mañana los que tenemos que trabajar pasamos por la rutina de alistarnos. Puede que tengamos compromisos familiares que requieran de nuestra atención. Los periódicos con sus titulares llamativos, atraen también nuestra atención. Alguien puede prender la televisión o la radio para escuchar las noticias o los reportes sobre el tráfico y el tiempo. Luego, después de vestirnos y desayunar, salimos para el trabajo. Nuestra atención se enfoca en llegar a tiempo al trabajo a pesar de las demoras del tráfico y las reparaciones en las vías. En el trabajo mientras atendemos las tareas, a menudo surgen conversaciones a nuestro alrededor que arrastran o distraen nuestra atención. Después del trabajo nos enfrentamos con el tráfico de regreso a casa. Cuando llegamos quizás tengamos que hacer labores domésticas o cumplir con responsabilidades familiares. Posiblemente escuchemos los acontecimientos del día de nuestra esposa, o hijos. Podemos sentarnos a ver la televisión por muchas horas. En el momento en que el resto de la familia se va a la cama a descansar, ya estamos exhaustos y listos para dormir. Día tras día nuestra vida continúa de manera similar. Parece que no hay tiempo para sentarnos en la calma de nuestro ser, para descubrir quiénes somos realmente. Mientras no tratemos de enfocarnos internamente, no podremos conocer nuestra alma y empoderarla para que controle nuestra atención.

∽ **Actividad** ∽

Mantén un registro de tu día. Escribe hacia dónde es atraída tu atención y cuál sentido se involucra a medida que transcurren tus actividades diarias. Calcula cuánto tiempo pasas cada día en la quietud de tu ser.

∽

Expandiendo nuestra visión

Hay una historia de dos ranas que pasaron toda su vida en un pozo. Un día una de las ranas saltó del pozo y desapareció. Se fue por varios días, y cuando regresó, la otra rana le preguntó dónde había estado.

"Hay un gran mundo afuera del pozo", dijo la primera rana y comenzó a describir todas las escenas y sonidos que había visto y escuchado.

"Tú debes estar inventando todo esto", dijo la segunda rana. "No existe nada más que este pozo. Es pura imaginación todas las cosas que me cuentas. Si existieran todas esas cosas que describes, con seguridad también estarían aquí en el pozo; y no las he visto. No es posible que existan". A menudo somos como la segunda rana. Podemos pensar que como no hemos visto todo lo que hay por ver, creemos que no existe nada más. Puede que pensemos que este mundo es todo lo que hay en la creación, en vez de aceptar la posibilidad de que exista algo más que este universo físico. Cerramos nuestra mente como la rana del pozo. Con una mentalidad experimental diríamos: "Quizás exista algo más en la vida que lo que yo he visto hasta ahora. Déjenme experimentar por mí mismo para descubrir si soy algo más que este cuerpo y esta mente".

Hubo una época en la que la gente creía que el mundo era plano, hasta que los exploradores demostraron que el mundo era redondo. Hubo una época en que los científicos creían que la tierra era el centro del universo y que el sol daba vueltas alrededor suyo, hasta que descubrieron que esta visión del universo era falsa. Hubo una época en que pensábamos que la materia era sólida, hasta que descubrimos que dentro del átomo hay muchas partículas subatómicas, que en su centro, solo existen paquetes danzantes de energía. Los descubrimientos de los últimos siglos nos revelan que lo que creíamos que era la naturaleza del mundo y nuestra realidad física, pudo no haber sido así en absoluto.

A lo largo de los siglos ha existido gente iluminada que descubrió su alma. Ellos dejaron relatos de sus experiencias en forma de escrituras y tradiciones orales, que fueron registradas por sus estudiantes. Nosotros somos sus beneficiarios y podemos comprobar estas técnicas por sí mismos. Con alguna práctica, podemos expandir nuestra visión interna. Solo necesitamos aprender la técnica para lograrlo.

Necesitamos tener un deseo ardiente por descubrir quiénes somos en realidad.

Necesitamos de un anhelo ardiente por conocer nuestro verdadero ser. Sabemos que cuando queremos algo intensamente, podemos estar tan concentrados en ello que bloqueamos otras distracciones. Cuando se despierta el deseo de conocer nuestro verdadero ser, podemos dedicar nuestro tiempo y atención para descubrirlo. Perdemos nuestro interés por las demás distracciones. Cuando deseamos que nuestra alma despierte, ella responde y podemos escuchar su tenue llamado. Su propio poder comienza a manifestarse y nuestra atención ya no puede ignorarla. Mientras más fuerte es su llamado, más es atraída nuestra atención hacia ella y, con el tiempo, el interés por el mundo se hace más y más débil, en la medida en que nuestra atención es arrastrada irresistiblemente hacia el amor, la música y la dicha de nuestra alma.

NUEVE

Sin rumbo a la deriva

stamos a la deriva en el mar de la vida, yendo de un problema a otro y de una crisis turbulenta a otra. ¿Cómo podemos cumplir con nuestro propósito en la vida? Cuando dejamos de enfocarnos en el alma, el tiempo pasa y corremos el riesgo de no alcanzar la meta de nuestra valiosa vida humana. Gran parte del tiempo lo pasamos tan ocupados, que apenas tenemos un momento para reflexionar sobre nuestra vida, nuestras metas y nuestras prioridades. A veces parece como si la vida no nos perteneciera. Nuestro programa diario es determinado por nuestro jefe o las necesidades de los miembros de nuestra familia. El número de días que trabajamos, vacaciones y días feriados, son establecidos por nuestro empleo o por la cantidad de dinero que necesitamos. Las necesidades del cuerpo también nos limitan. Debemos ingerir cierto número de calorías diarias. Debemos ganar el sustento para comprar el alimento que necesitamos. Debemos trabajar para pagar las cuentas relacionadas con nuestra manutención. Cuando nos enfermamos, nos toma tiempo curarnos de la enfermedad. Si tenemos hijos, debemos ocuparnos de su educación, sus juegos y sus necesidades físicas y emocionales. Parece como si escasamente, tuviéramos un momento libre para sentarnos en silencio y reflexionar sobre lo que nos ocurre en la vida.

¿Cómo usamos nuestro tiempo hoy?

Varias investigaciones han examinado el tiempo que dedicamos a las diferentes actividades de la vida. Los resultados son sorprendentes. Podemos tomar como ejemplo una duración de setenta años de vida. Si dormimos ocho horas al día, ello significa que pasamos veintitrés años de nuestra vida durmiendo. Si trabajamos cuarenta horas a la semana, desde los veinte hasta los sesenta y cinco años, para un total de cuarenta y cinco años, representa quince años de trabajo total en nuestra vida. Si pasamos dos horas diarias comiendo y preparando el alimento, esto da seis años dedicados a estas actividades. Si pasamos una hora diaria vistiéndonos y desvistiéndonos, más el tiempo para asearnos, confeccionar o comprar nuestras prendas, esto da un promedio aproximado de cinco años. Es posible que pasemos un año de la vida hablando por teléfono; tres años esperando gente o haciendo colas; seis años manejando un vehículo; seis años participando en actividades de recreación y dos años en tareas domésticas y otras labores. Eso nos deja tres años libres. A quienes van a un sitio de culto por dos horas a la semana, les quedan menos de dos años libres. Nuestro tiempo se consume en estas actividades y solo nos quedan dos años esparcidos a través de la vida, disponibles para nuestra práctica espiritual.

En las escrituras sijs se dice:

Desperdiciamos las noches en el sueño,
Y los días en llenar nuestras barrigas.
Esta vida, preciosa como una joya,
Es canjeada por una baratija
¡Tonto ignorante!
Nunca has enaltecido el nombre de Dios,
¡Y al final caerás lamentándote!
(Adi Granth, Gauri Bairagani, M.1.p.156)

Sin darnos cuenta, los días se convierten en semanas, las semanas en meses, los meses en años y los años en décadas. Antes de que lo sepamos, ha transcurrido gran parte de nuestra vida. ¿A dónde se nos fue el tiempo? ¿Cuándo se acabó? ¿Cuál era el propósito de todo esto? ¿Aprovechamos al máximo nuestra vida? Muchos se hacen estas preguntas en algún momento de sus vidas.

Aprovechando al máximo nuestro tiempo

Hay una historia de un pobre leñador que trabajaba muy duro para ganar su sustento. Un día un rey pasaba por esa parte del bosque donde trabajaba el leñador y vio al hombre muy atareado. Sintió lástima por su pobreza y quiso hacer algo para ayudarlo.

"Leñador", le dijo el rey, "tengo un terreno sembrado de árboles de sándalo. Te daré esa tierra para que la aproveches y te vuelvas rico". El leñador le agradeció al rey y se convirtió en el nuevo dueño del terreno. Él no conocía el verdadero valor de los árboles de sándalo, así que después de cortarlos los vendió al mismo precio de los árboles comunes. El rey regresó después de que el leñador había cortado la mayoría de los árboles. Esperaba encontrarlo rico, pero quedó asombrado al ver que aún vivía en la pobreza. "¿Cómo es posible que no hayas ganado ningún dinero vendiendo los árboles de sándalo?", le preguntó el rey. "Esos árboles valen mucho dinero".

El leñador comprendió que había desperdiciado una oportunidad dorada. Pero aún quedaban algunos árboles y pudo venderlos al precio correcto y obtener lo suficiente para vivir cómodamente. La historia del leñador es la historia de nuestra vida. Los árboles de sándalo equivalen al número de respiraciones que tenemos en nuestra vida. Así como el leñador, desperdiciamos gran parte de nuestro aliento y nuestro tiempo en actividades inútiles. En vez de acumular riquezas espirituales con el don que se nos ha concedido, desperdiciamos el tiempo en actividades mezquinas. El tiempo es precioso. Una vez se va no podemos recuperarlo. Aprovechemos al máximo nuestro tiempo. De esta manera, podemos acumular riquezas espirituales que están más allá de nuestros sueños más audaces.

Hay un dicho que nos ayuda a recordar la importancia de cada respiración. Piensen acerca de cada momento: ¿A cambio de qué estamos desperdiciando los segundos de nuestra vida? ¿Queremos malgastarlos en pensamientos de ira y codicia? ¿Queremos intercambiarlos quejándonos sobre el pasado o preocupándonos por el futuro? ¿Queremos gastarlos en pasatiempos sin ningún valor para nosotros? ¿O queremos vivir estos momentos tratando de descubrir quiénes somos en verdad y por qué estamos aquí? ¿Cuál es el uso más valioso de cada instante de nuestras vidas?

Dejemos de andar sin rumbo y a la deriva en el mar de la vida. Tenemos que usar algún tiempo para decidir en qué dirección queremos ir. Sant Kirpal Singh Ji Maharaj cuando era joven dedicó un tiempo para decidir lo que iba a hacer con su vida. Después de mucha introspección, finalmente decidió: "Dios primero y el mundo después". Decidió que su primera prioridad era lograr el conocimiento de sí mismo y la realización de Dios. Con esta meta en su mente, fijó su rumbo y no se detuvo hasta que la alcanzó.

Si estudiamos la vida de grandes personajes, encontramos que muchos de ellos eligieron una dirección en sus vidas. Puede que hayan tenido diferentes objetivos, tales como el arte, una afición, la ciencia, la investigación o el desarrollo espiritual, pero todos tuvieron algo en común: no anduvieron sin rumbo a la deriva; ellos fijaron una ruta y la siguieron.

Tegh Bahadur, el noveno Gurú de los sijs dedicó muchos años a la meditación en un pequeño cuarto hasta que encontró a Dios. El Señor Buda abandonó su reino para ir en busca de la iluminación. Pasó años buscando respuestas a las preguntas sobre la naturaleza del mundo y de nuestra existencia. El profeta Mahoma pasó muchos años en una cueva en busca de Alá.

Reorganizando el horario de nuestra agenda

Si en verdad deseamos descubrir nuestra alma, tenemos que asignar un tiempo para lograrlo. Ya hemos visto lo rápido que se consume nuestra vida en las sencillas tareas de mantener a nuestro cuerpo físico vivo y saludable. Actividades como dormir, comer, vestirnos y trabajar, ocupan una buena parte de nuestro tiempo. En el poco tiempo que nos queda, debemos evaluar cómo aprovecharlo de la mejor manera. Como el leñador, no queremos desperdiciar este valioso regalo del tiempo.

Analicemos nuestro día en términos de veinticuatro horas. Basados en el cálculo del tiempo gastado en nuestro lapso de vida, podemos dividir nuestros días de la siguiente manera:

Durmiendo	8 horas
Comiendo	2 horas
Vistiéndonos	1 hora
Viajando	2 horas
Trabajando	8 horas
En oficios domésticos	1.5 horas
En recreación	1.5 horas
Total	24 horas

¿Cómo podemos incluir algún tiempo para encontrar a nuestra alma? Tal vez podamos quitarle tiempo a nuestras horas de sueño. Investigaciones médicas han demostrado que actividades como la meditación o la oración profunda, producen sensaciones de descanso y relajación.

¿De dónde podemos sacar el resto del tiempo que necesitamos? Si nuestro horario de trabajo es fijo y el tiempo dedicado a comer, vestirnos y hacer las tareas domésticas no se puede cambiar, nos queda solo una hora y media de recreación. De esta manera, podemos añadir más tiempo a las dos horas restadas al sueño. Aun si dedicamos dos horas al día, el tiempo total dedicado a nuestra alma, en toda la vida, sería apenas de seis años. Si pensamos en la cantidad de tiempo que pasamos educándonos o entrenándonos para una carrera, esos seis años no parecen mucho tiempo en el transcurso total de la vida. Si en verdad deseamos descubrir la luminosidad y la riqueza de nuestra alma, seis años dedicados a nuestra búsqueda espiritual no parece demasiado tiempo. Mientras más tiempo podamos dedicar a esta búsqueda, mucho mejor.

∽ Actividad ∽

Haz un gráfico del tiempo de tu día. Planifica una nueva agenda en la que incluyas un espacio

para la meditación. Procura que ese tiempo de
meditación se vuelva parte de tu rutina diaria.

࿇

Estableciendo metas

Es de importancia crítica que establezcamos metas. Esta es
una buena práctica, no solo para nuestra búsqueda espiritual
sino para todos los aspectos de la vida. Si deseamos tener
una profesión fija, tenemos que dedicar tiempo a su estudio
y aprendizaje. Si deseamos acumular cierta cantidad de
dinero, tenemos que hacer un plan de ahorros. Si deseamos
desarrollar un pasatiempo o un talento, tenemos que dedicar
tiempo a su práctica para volvernos expertos. Similarmente,
si deseamos desarrollar el lado espiritual de nuestra vida y
empoderar al alma entonces tenemos que dedicarle tiempo a
esta meta.

A menudo la gente deja la búsqueda espiritual como
última prioridad. Hacen todo lo que quieren hacer durante el
día, y si les sobra algún tiempo puede que lo dediquen a su
alma. Con demasiada frecuencia nos vemos tan atrapados en
las tormentas de la vida que no queda ningún tiempo para
nuestra alma. Por lo tanto, tenemos que adaptar nuestra
forma de vivir de manera que le demos prioridad al tiempo
dedicado al alma. Si podemos primero asignar varias horas
del día a la búsqueda espiritual, y mantener ese tiempo
sagradamente para nosotros, y luego llenar las otras horas el
día con las actividades de nuestra vida, lograremos nuestra
meta espiritual.

La clave para darle prioridad al desarrollo espiritual, es
evaluar su importancia con relación al resto del tiempo que
pasamos, principalmente en el mantenimiento de nuestro
cuerpo físico. Si vivimos solo para mantener exclusivamente

al cuerpo físico, entonces ¿qué lograremos? Si deseamos alcanzar algo más que mantener el cuerpo, si deseamos desarrollar nuestro lado intelectual, el lado cultural o el lado espiritual, si deseamos hacer una contribución al mundo, entonces tenemos que dedicar tiempo a estas actividades.

Si invertimos tiempo en el aspecto espiritual y empoderamos al alma, encontraremos que el desarrollo de todos los demás aspectos de la vida será más fácil. Cuando penetramos dentro de nuestra alma y de su sabiduría infinita, su dicha, inmortalidad, valentía y conexión, encontraremos que podemos desarrollar con plenitud los otros aspectos. Esto puede ayudarnos a mejorar nuestro rendimiento en varios campos de la vida. Es similar a consignar dinero en una cuenta de ahorros; el dinero acumula intereses y nos ayudará más adelante con nuestros gastos.

La elección es nuestra. Si deseamos empoderar nuestra alma y beneficiarnos de sus dones, entonces podemos establecer prioridades en nuestra vida diaria y aferrarnos a ellas. Podemos encontrar otras formas creativas de administrar el tiempo y dedicarlo a dotar al alma de poder. Al hacer esto podremos disfrutar de la dicha, la paz y el amor interno.

DIEZ

Cubiertas que cubren al alma

Nuestra alma tiene muchas cubiertas que la cubren. Estas cubiertas son las impresiones acumuladas a lo largo de nuestra vida. Estas impresiones quedan grabadas en nosotros a causa de nuestros pensamientos, palabras y actos. Si nuestras acciones son negativas, es como si agregáramos manchas oscuras a nuestra tez clara. Estas manchas oscuras tienen que ser retiradas para poder experimentar al alma luminosa. Las manchas pueden ser causadas por pensamientos, palabras y actos que nacen de la ira, la lujuria, la codicia, el apego y el ego, impidiéndonos experimentar la energía pura y el poder del alma. Necesitamos entonces quitar esas cubiertas que bloquean la luminosidad de nuestra alma.

Para comprender esto utilicemos el ejemplo de la luz eléctrica. El filamento que irradia la luz está alojado en un foco de vidrio, dentro de una delgada cobertura lo suficientemente clara para que la luz pueda brillar a través de este. Pero si ponemos una pantalla alrededor del foco, la luz se disminuye un poco. Cuando miramos la lámpara, vemos la luz brillando a través de la pantalla, pero no vemos el foco. Si ponemos una tela de color sobre la pantalla, la luz se hace aún más débil y asume el color de la tela. Nos volvemos menos conscientes de la luz blanca brillante que emite el foco. Si colocamos entonces, una manta sobre la pantalla, la luz se hace mucho más débil. Mientras más coberturas agreguemos, menos veremos la luz. Pasa lo mismo con nuestra alma. Nuestra alma brilla con un resplandor más intenso que el de muchos soles. ¡Qué poder y luminosidad tiene! Pero el alma está cubierta por muchas cubiertas de ira, lujuria, codicia, apego y ego.

La verdadera naturaleza del alma es el amor

Dios es amor. El alma es de la misma esencia de Dios. Por lo tanto, el alma también es amor. Donde hay amor, no hay espacio para la violencia y la ira. Donde hay amor, no hay espacio para la deshonestidad, el engaño y la mentira. Donde hay amor, no hay espacio para la codicia y el egoísmo. Donde hay amor, no hay espacio para el ego. Y donde hay pureza, no hay espacio para la lujuria. Si alguna cualidad negativa se posesiona de una relación, el amor sufre. Si las cualidades negativas ensucian nuestra alma, nos separamos de nuestro estado empoderado.

Pensemos acerca de las veces en que hemos amado a alguien con todo nuestro corazón y toda nuestra alma. Puede haber sido el amor entre padres e hijos, entre los mejores amigos, entre esposos o entre el amante y el amado. Cuando amamos a una persona, no podemos herirla ni en sueños. No podemos pensar en ser deshonestos con ella o en mentirle. No podemos pensar en ofender a esa persona para satisfacer nuestra lujuria. No podemos pensar en ser egoístas y codiciosos, sino en compartir con ella y darle lo que necesite. La bellísima oración de San Francisco de Asís resume la forma en que el alma empoderada trata con la vida:

Señor, hazme un instrumento de Tu paz;
Donde haya odio, siembre amor;
Donde haya injuria, perdón;
Donde haya duda, fe;
Donde haya desesperación, esperanza;
Donde haya tinieblas, luz;
Y donde haya tristeza, gozo;
Oh Divino Maestro, otórgame que no busque
    tanto ser consolado sino consolar;
Ser comprendido, sino comprender;
Ser amado, sino amar;
Porque es al dar, que recibimos;
Es perdonando que somos perdonados;
Y es muriendo en Ti que nacemos a la vida eterna.

El alma opera desde un lugar de amor. Todas sus decisiones se basan en el amor. Todas sus acciones son motivadas por el amor. Podemos descubrir quién está manejando nuestro escenario al evaluar si estamos motivados por el amor o la ira, la lujuria, la codicia, el apego y el ego. Cuando estas cinco pasiones mortales levantan sus horribles cabezas, podemos estar seguros de que el alma ha sido dominada. Como dice en las escrituras sijs:

Cinco son los ladrones alojados en este cuerpo:
La lujuria, la ira, la codicia, el apego y el ego.
                    (Adi Granth, Sorath, M. 3 p. 600)

En las escrituras cristianas se dice:

> Ahora los trabajos de la carne son evidentes: la for-
> nicación, la impureza, la permisividad, la idolatría, la
> hechicería, la enemistad, el conflicto, los celos, la ira, el
> egoísmo, la discordia, el espíritu partidista, la envidia,
> la ebriedad, la orgía, y similares. Os advierto, como os
> advertí antes, que aquellos que hacen estas cosas no
> heredarán el reino de Dios. Pero el fruto del Espíritu es
> el amor, gozo, paz, paciencia, amabilidad, bondad, fide-
> lidad, afecto, autocontrol; en contra de tales no hay ley.
>
> (Gálatas 5. 19-23)

Cuando asumimos el poder y nos resistimos a las
cualidades negativas, ponemos a nuestra alma de nuevo en el
asiento del conductor. Podemos, entonces escoger una vida
gobernada por la bondad.

¿Cómo la mente es el origen de las cubiertas del alma?

Cuando la mente es arrastrada por sus deseos, puede dominar
al alma sutil. Uno pensaría que el alma, con su poder infinito
podría ser fuerte y resistente, pero la naturaleza del mundo
es tal que la mente tiene la ventaja, porque esta actúa en su
propio terreno. La situación es similar a la de dos equipos
de básquetbol. El equipo que juega en su ciudad tiene la
ventaja de jugar de local. Las multitudes corean a su equipo,
quien se siente a gusto en su propio patio. Similarmente,
la mente está a sus anchas en el mundo. El alma no es más
que un huésped pasajero. La mente lleva la ventaja en este
mundo de materia, mientras que el alma se encuentra allí
fuera de su elemento.

Los deseos de la mente la llevan a una cantidad de

situaciones para conseguir lo que quiere. Hará cualquier cosa para satisfacer sus deseos. En la escritura hindú, el Bhagavad Gita, Arjuna le pregunta al Señor Krishna: "¿Cuál es la fuerza, Oh Krishna, que nos amarra a los actos egoístas? ¿Qué poder nos mueve, aun en contra de nuestra voluntad, y nos obliga?" Krishna responde: "Es el deseo egoísta y la ira que nacen del estado del ser, conocido como pasión, estos son los apetitos y males que amenazan a una persona en esta vida. Así como el fuego es cubierto por el humo, y un espejo oscurecido por el polvo, así como un embrión está envuelto en lo más profundo del vientre, el conocimiento yace enterrado por el deseo egoísta—escondido, Arjuna, por ese fuego insaciable de la autosatisfacción, el enemigo habitual del sabio. El deseo egoísta se encuentra en los sentidos, la mente y el intelecto, confundiéndolos y enterrando la sabiduría en la ilusión. ¡Pelea con toda tu fuerza, Arjuna! Controla tus sentidos, conquista a tu enemigo, el destructor del conocimiento y la realización". (Bhagavad Gita 3.36-41)

Si el alma grita para ser oída, lo hace en la forma de un susurro débil de nuestra conciencia. Se necesita una fuerza de voluntad extrema y de poder interno, para escuchar a nuestra conciencia. ¿Cuántas veces hemos encarado una situación en la que sentimos que estamos cruzando la línea entre lo correcto y lo incorrecto? Nosotros sabemos cuánta determinación y fortaleza necesitamos para obedecer a la pequeña voz de la conciencia.

Cuando la mente corre enloquecida por la cancha de su casa, se enreda en las cinco pasiones mortales: ira, lujuria, codicia, apego y ego. Cada vez que sucumbimos a los deseos de la mente, más coberturas bloquean la brillantez de nuestra alma.

¿Cómo la ira y la violencia crean las cubiertas que cubren nuestra alma?

La verdadera naturaleza de nuestra alma es la no-violencia; la ira es desconocida por ella. Piensen en una madre con su bebé indefenso, la madre ama apasionadamente a su hijo. Está tan llena de amor por él que no hay lugar dentro de ella para la ira. El infante puede agarrarse del pelo de la madre, golpearla con sus puños y ensuciar sus vestidos. La madre está tan llena de amor por el niño, que puede tolerar su comportamiento con comprensión y compasión. Esta es una analogía cercana de cómo funciona nuestra alma cuando está empoderada.

El alma mira el juego del mundo desde un lugar de paz y plenitud. Está armonizada con Dios, y por lo tanto la ira y la violencia no son parte de su conciencia. Un proverbio africano dice: "Quien le hace mal a otro no recuerda al Señor". El alma, a través de las actividades de la mente, se hace consciente de la violencia y la ira en el mundo, pero no está obligada a responder ante ellas. Es como el sol, al que no le preocupan las nubes pasajeras que interfieren con los rayos que brillan sobre la tierra. Simplemente continua emitiendo su calor, sus rayos vigorizantes, porque sabe que las nubes pasarán. El alma envía sus rayos de paz y no-violencia. Si le damos poder al alma en nuestras vidas, ella permanecerá en calma y armonía frente a la maldad y la violencia, y continuará emitiendo sus rayos sin obstrucción.

Si el alma es no-violenta, entonces ¿cómo es que la gente sucumbe a la violencia? La violencia ocurre cuando nos volvemos sordos al amor de nuestra alma, y en cambio, nos sintonizamos con la estación de radio de nuestra mente. Nuestra mente quiere satisfacer sus deseos, y cuando no consigue lo que quiere, se enoja. Arrastra con cualquiera o con cualquier cosa que se interponga en la realización de sus deseos.

¿Qué clase de deseos demanda la mente? Alguna gente desea objetos materiales: dinero, lujos, casas bellas, carros lujosos y joyas costosas. Otra gente desea fama y gloria. Aun otros quieren poder. Hay incontables deseos e incontables expresiones de ira en este mundo.

La ira se manifiesta de muchas maneras. Podemos tener ira en pensamiento. La demás gente puede que no sepa lo que estamos pensando, pero la vibración de la ira irradiará de nosotros. Existen algunas expresiones no verbales de la ira: nuestro lenguaje corporal, las expresiones faciales o el tono de la voz. Aun, si controlamos estos indicios externos, las vibraciones de la ira se escaparán y podrán ser sentidas por los demás. Creemos que nuestros pensamientos no pueden herir a nadie, pero de hecho estos producen una impresión que forma otra capa sobre nuestra alma, y que también lastiman a la persona con la que estamos interactuando. Al final, la ira hiere más a quien la envía. Como un búmeran da la vuelta en contra nuestra y nos hiere. Esta es una ley espiritual superior que no puede romperse, cambiarse, ni modificarse.

Otra forma como se manifiesta la ira es a través de las palabras. Puede que arremetamos contra alguien con nuestra lengua y digamos cosas hirientes. Puede que critiquemos, difamemos y calumniemos a los demás.

Quizás pensemos que no somos violentos porque no estamos hiriendo a nadie físicamente, pero este es un concepto falso. A veces la herida causada por la lengua hiere más profundamente que la herida de una espada. Una herida física puede sanar, pero un cometario hiriente puede doler toda una vida. Es difícil olvidar una palabra cruel que lastima hasta lo más profundo del corazón. Hay un dicho: "Piensen antes de hablar". El precepto de Mahatma Gandhi: "Digan solo lo que es verdadero, bondadoso y necesario", nos da la pauta para pensar antes de hablar y no herir a nadie con nuestras palabras.

La ira también explota en violencia física. Existe la violencia entre los individuos, y hay una ira expresada violentamente, a gran escala, cuando los miembros de diferentes religiones se hacen la guerra mutuamente. ¿Qué sentido pueden tener todas estas matanzas? Ambos grupos creen en Dios, pero simplemente lo llaman con otro nombre, y adoran al Señor con diferentes ritos y rituales. Todos vienen del mismo Creador. Sin embargo, arrebatados por la ira están dispuestos a matarse en el Nombre del Señor. Si verdaderamente seguimos nuestra religión, obedeceremos las enseñanzas de sus fundadores. En el Antiguo Testamento se dice: "No matarás". (Éxodo 20.13). En el Nuevo Testamento encontramos un relato de Jesús y de sus enseñanzas sobre no ser violentos. Alguien trató de arrestar a Jesús y uno de sus compañeros reaccionó con violencia hacia el atacante. Jesús le dijo a su defensor: "Guarda tu espada, porque el que a hierro mata a hierro muere. (Mateo 26.51-52)

La ira en su máxima escala resulta en atrocidades. Solo en el Siglo XX, la humanidad ha presenciado guerras en las que han perecido millones de personas. La ira descontrolada continúa dejando una huella de destrucción que es difícil de sanar.

El Nuevo Testamento dice:

> ¿Cuál es la causa de las guerras y los conflictos entre ustedes? ¿No son las pasiones las que están en guerra entre sus miembros? Desean algo y no lo consiguen y por eso matan. Y ustedes codician y no pueden obtener; por eso luchan y hacen la guerra. Ustedes no obtienen porque no piden. Piden y no reciben, porque piden mal, para gastarlo en sus pasiones.
>
> (Juan 4.1-3)

La víctima de la ira ajena tiene que soportar el dolor del asalto. No obstante, el que causa la violencia es el que resulta más perjudicado. Las consecuencias de nuestros actos se nos devuelven multiplicadas. En el budismo encontramos este sabio refrán: "Una persona nace con un hacha en la boca. Aquel cuyo lenguaje es inmoral se corta a sí mismo con su hacha". (Sutra Nipata 657-60)

El subproducto de la maldad forma una capa sobre nuestra alma que impide experimentar nuestra belleza, amor y riqueza internos. Tenemos un cofre de tesoros oculto en el patio de nuestra casa, pero con nuestras acciones negativas lo enterramos más profundamente y no podemos hacer uso de esta riqueza. Por lo tanto, al final perdemos.

Es inevitable que haya diferencias en el mundo. Entre dos personas cualquiera hay diferencias de opinión, de puntos de vista y de interpretaciones de la vida. Pero, ¿por qué debemos permitir que se aumenten estas diferencias y se conviertan en ira, y de ira en violencia? La víctima del ataque no va a aceptar el punto de vista del atacante. Más bien se alejará de la posibilidad de un acuerdo. Y quizás llegue un día en que la víctima tome venganza. El oprimido a menudo se vuelve el opresor. Nadie gana con la violencia. Solo cuando mantenemos una actitud no violenta podemos lograr soluciones armoniosas. El máximo freno contra la ira y la violencia es descubrir nuestro verdadero ser. Tenemos que cavar profundamente, con fuerza, para descubrir nuestra alma.

Mentira, hipocresía y engaño

La falsedad, la hipocresía y el engaño crean otra capa sobre el alma. El alma trata con la verdad; no conoce la mentira. Pero los deseos de la mente nos hacen enredar más en un tejido de engaños para conseguir lo que queremos.

Cuando queremos algo que no nos pertenece, puede que recurramos al robo o a la trampa para obtenerlo. Tratamos de robar a los demás lo que no nos pertenece. Tratamos de defraudar o hacer trampa a los demás para que nos den lo que queremos. Para hacerlo, hay que engañar o decir mentiras. Alguien quiere objetos materiales, riqueza o poder, y puede utilizar el engaño para quitárselos a los demás. Pero lo que creemos que estamos consiguiendo, nunca va a ser igual a lo que estamos perdiendo. Podemos conseguir la riqueza o el poder de alguien por algún tiempo, pero al final no podemos llevarlo con nosotros más allá de la tumba. Las medidas de valor en el más allá son el amor y la verdad. Lo que conseguimos en un momento transitorio en la tierra, no es más que un relámpago fugaz en la eternidad del tiempo que nos espera en el más allá.

En las diversas tradiciones religiosas encontramos el mismo mensaje: la falsedad conduce a la tristeza y al dolor. En las escrituras jaínas se dice:

> Estos actos están incluidos en el robo: incitar a otro a robar, recibir bienes robados, crear confusión para cobrar demasiado o pagar mal, usar pesas y medidas falsas, y engañar a otros con bienes artificiales o imitaciones.
>
> (Akalanka, Tattvartharajavartika 7, 27)

También:

> La falsedad implica la realización de declaraciones equivocadas por alguien que está sobrecogido por intensas pasiones.
>
> (Upasakadasanga Sutra)

En el Judaísmo encontramos:

> Ningún hombre debe hablar de cierta forma con los labios y pensar de otra con el corazón.
>
> (Talmud, Baba Metzia 49)

También:

Nadie que practique el engaño morará en mi casa;
Nadie que mienta continuará en mi presencia.

(Salmos 101.7)

En el sijismo se dice:

La deshonestidad en los negocios y la mentira causan
pena interior.

(Adi Granth, Maru Solahe, M.3, p. 1062)

Algunas mentiras surgen cuando la gente trata de actuar, posar y ser algo que no es. Esto se manifiesta en la forma del engaño o hipocresía. Tratamos de engañar a los demás haciéndoles pensar que somos más elevados o más poderosos de lo que en realidad somos. Montamos un espectáculo. Somos hipócritas y dobles, aparentamos ante algunas personas cierta imagen y otra cuando estamos con otros. En el Islam, en el Hadith, se dice que: "El hipócrita tiene tres características: cuando habla, miente; cuando hace promesas, engaña; y cuando confías en él, te traiciona". (Islam, Hadith de Muslim).

Al final, tales actitudes falsas son descubiertas. La faz de la verdad no puede ocultarse por mucho tiempo. El castigo del engaño es muy duro, porque cuando los demás descubren nuestra farsa, queda al descubierto lo que somos verdaderamente. Aquellos de quienes esperamos aprobación se vuelven en contra nuestra y no tenemos donde ocultarnos. La mayoría de las religiones dan consejos en contra de la mentira. En el Budismo se dice: "Un mentiroso se miente a sí mismo tanto como a los dioses. La mentira es el origen de todos los males; conduce al renacimiento en planos más miserables de la existencia, por haber violado los preceptos de la pureza y por la corrupción del cuerpo".

(El discurso del Boddhisatva Surata's en el Sutra 27 del Maharantnakuta)

En el Antiguo Testamento está escrito:

> Ay de aquellos que llaman al mal bien
> Y al bien mal, que ponen a la oscuridad
> por luz y a la luz por oscuridad,
> Que dan lo amargo por dulce y lo dulce por amargo.
>
> (Isaías 5.20)

En el Corán está escrito: Quien cometa un delito o un crimen y acuse de ello a un inocente, se ha cargado a sí mismo con una falsedad y un flagrante crimen. (4.112)

El alma es la Verdad personificada. No tiene nada que esconder y no necesita mentir. Está a gusto con lo que tiene y no necesita actuar ni aparentar algo diferente. El alma es todopoderosa, por eso no necesita el poder de otros. Es toda dicha, por eso no necesita objetos materiales que le den placer. El alma es todo amor, y no necesita tratar de poseer a nadie. El alma está unida a Dios, así que no necesita ser diferente de lo que es. Cuando empoderamos al alma, la virtud de la verdad nos embellece. No necesitamos actuar en el plano de las mentiras, engaños, hipocresía o falsedad. Nos sentimos a gusto en la verdad y no le tememos a nadie. Al descubrir nuestra alma, cada uno de nuestros pensamientos, palabras y acciones son motivadas por la verdad.

¿Qué papel juega la codicia en la formación de cubiertas alrededor de nuestra alma?

Otra manera de añadir cubiertas a nuestra alma es por medio de la codicia. Los deseos de la mente juegan un papel principal en este aspecto. La mente anda en una carrera desenfrenada para satisfacer sus deseos, pero no halla fin a lo que quiere porque nunca queda satisfecha. Su insatisfacción asume dos formas: desea más y más de lo que tiene, o se cansa de lo que tiene y desea algo diferente. De esta manera, la mente nos lleva en una interminable búsqueda de una cosa a otra. Es como si corriéramos detrás de un espejismo en el desierto. Un oasis parece estar a nuestro alcance, pero cuando nos acercamos a él éste se aleja. Seguimos persiguiéndolo, deseando alcanzarlo, pero sus aguas continuamente nos eluden. Sucede igual con la felicidad que proveen las cosas de este mundo. La sed de la mente por adquirir nunca se satisface. Se vuelve codiciosa por tener más. Piensa que si tiene más de lo que ya tiene, estará satisfecha, pero su búsqueda continúa. Piensa que será feliz con lo que otro tiene, y empieza a codiciar lo ajeno. Puede descubrir que lo que ha obtenido no le da la felicidad que buscaba, y esto la mueve a desear algo más.

La codicia nos lleva por muchos caminos peligrosos. Mantiene nuestra atención alejada del alma y Dios. Puede llevarnos hasta la agresión y la violencia, cuando deseamos quitarle a alguien lo que no es nuestro. En la tradición Taoísta se dice:

> No hay crimen más grande que tener
>   demasiados deseos;
> No hay tragedia más grande que no estar contentos;
> No hay desgracia más grande que ser codiciosos.
>
> (Taoísmo, Tao Te King 46)

Mentimos para satisfacer nuestra codicia, y conseguir lo que deseamos. Finalmente, la codicia nos lleva al egoísmo. En vez de dar y compartir, acumulamos todo para nosotros mismos. En las escrituras jaínas está escrito:

> El ignorante anhela por una vida de lujos y repetidamente busca los placeres. Acosado por sus propios deseos se aturde y su recompensa es solo el sufrimiento.

El que está sumido en la ignorancia es incapaz de aliviar sus sufrimientos, porque está apegado a los deseos y es lujurioso. Oprimido por el dolor mental y físico, continúa girando en un remolino de agonía. Así lo digo yo.

(Acarangasutra 2.60, 74)

En el Nuevo Testamento está escrito: El amor por el dinero es la raíz de todos los males. (Timoteo 6,10)

La codicia es la antítesis de la naturaleza innata del alma, que es el desprendimiento. El alma desea compartir todo lo bueno con la creación entera. El alma es generosa, amorosa y bondadosa. Si algo es bueno no desea guardarlo para sí misma sino compartirlo con todos los demás.

El alma también, está contenta con lo que tiene. ¿Por qué no habría de estarlo? Después de todo, su verdadera naturaleza es estar unida con Dios. Por lo tanto, es completa en sí misma. Vive en un estado eterno de dicha y felicidad. No se siente atraída por los juguetes de este mundo, que son perecederos. La fuente de su felicidad es eterna, es Dios, el océano de dicha, de conciencia y de amor.

Cuando nos identificamos con nuestra alma nos liberamos de las limitaciones que produce la codicia. Podemos estar contentos y gozar del néctar interno y de sus aguas plenas de dicha. No necesitamos codiciar lo ajeno. No tenemos que recurrir a la violencia o al engaño para conseguir lo que necesitamos. Los placeres externos se vuelven insípidos cuando encontramos la realización interior.

La codicia enturbia la pureza de nuestra alma. Si pudiéramos controlar nuestra mente y empoderar a nuestra alma, entonces el ciclo aparentemente interminable de perseguir nuestros deseos podría llegar a su fin. Estaremos satisfechos y contentos con nuestro destino. Permaneceremos en un estado de serenidad y veremos todo lo que nos viene de Dios con tranquila aceptación. De esta manera se extinguirá el fuego de la codicia que nos consume.

Cuando empoderamos a nuestra alma, ya no ardemos en deseos. Ya no desperdiciamos los preciosos momentos buscando lo que es perecedero; más bien, nos sentimos satisfechos y realizados de estar en armonía con nuestros tesoros espirituales internos, imperecederos y eternos. En las escrituras sijs está escrito:

¿Qué tipo de amor es ese basado en la codicia?
Donde hay codicia el amor es falso.
(Adi Granth, Shalok, Farid, p. 1378)

Sant Kirpal Singh Ji Maharaj solía decir: "El amor solo sabe dar, dar y dar". Cuando estamos llenos de codicia solo sabemos tomar, tomar y tomar. Cuando abrimos nuestros corazones a la voz del alma, abrimos nuestras manos para compartir con los demás. Cuando abrimos nuestras manos para compartir con los demás, le abrimos la puerta a Dios.

Cómo crea obstáculos la lujuria por los placeres mundanos

La lujuria constituye una forma de deseo—el deseo de la carne. Tendemos a pensar que la lujuria es solo el deseo por la gratificación sexual, pero hay muchas expresiones de la lujuria. Entre ellas los deseos originados por los sentidos de la vista, oído, olfato, gusto y tacto. Cada uno de nuestros sentidos tiene una doble función: como transmisor de información y datos del mundo externo hacia nuestro cerebro y como medio para experimentar los placeres del mundo. Si buscamos la gratificación de los sentidos en exceso, si buscamos placer en exceso, entonces entramos en el terreno de la lujuria.

Nuestros ojos nos ayudan a movernos por el mundo, a encontrar los objetos que necesitamos, y a evitar el peligro; pero también son espectadores de la belleza. Se sienten atraídos por la belleza de las caras atractivas, de las maravillas de la naturaleza y de las formas de las bellas artes. Pero si nos obsesionamos en observar esta belleza, tanto que excluimos a nuestra alma, nuestro interés entra en el terreno de la lujuria. Podemos notar que una persona es bella, pero cuando nos obsesionamos en contemplarla con la intención de aprovecharnos físicamente de ella, entonces nuestro interés entra en el terreno de la lujuria.

Nuestros oídos nos ayudan a comunicarnos, a aprender, y nos alertan de los posibles peligros. Además, los utilizamos para apreciar la música selecta, los sonidos de la naturaleza o la voz de un cantante; pero cuando nos dedicamos a escuchar palabras vulgares, un lenguaje soez o la descripción de placeres sensuales, en vez de escuchar el canto del alma, estamos entrando en el terreno de la lujuria. Si una charla enardece nuestros deseos, entonces nos aleja de nuestra alma.

Nuestro sentido del gusto también tiene una función práctica: impedir que comamos alimentos dañados o venenosos. Por otro lado, nuestro paladar sirve para apreciar los alimentos bien preparados, hechos con cuidado y amor. Cuando nuestro apetito por la comida se vuelve obsesivo entramos en el terreno de la lujuria. La gente puede anhelar cierta comida tan intensamente, que su atención se desvía del sabor del néctar interno que nos provee la dicha y el amor de nuestra alma.

También podemos sentir lujuria por las fragancias y los aromas. El sentido del olfato es un mecanismo de protección que puede indicarnos la presencia de humo o el peligro del fuego. Con el sentido del olfato podemos apreciar las finas fragancias que provienen de las flores y perfumes. Cuando nos obsesionamos con este placer, hasta el punto de que nuestra atención se aleja de la dulce fragancia de nuestra alma, el sentido del olfato entra bajo el terreno de la lujuria. Cuando una fragancia inflama nuestras pasiones sensuales, nos conduce al terreno de la lujuria.

El sentido del tacto es otra herramienta para transmitir la información sobre nuestro ambiente. Nos revela lo que es blando y cómodo, y lo que es áspero y peligroso. Nos alerta sobre los extremos de las temperaturas calientes o frías, de manera que podamos proteger nuestro cuerpo. El sentido del tacto, también nos permite apreciar las sensaciones placenteras de la suavidad de la seda y el algodón, o de la frescura del agua. El tacto entra en el dominio de la lujuria cuando nos obsesionamos con experimentar más y más sensaciones físicas, tanto que excluimos experimentar el calor del amor divino interno.

La lujuria por los placeres de cualquiera de los sentidos, puede conducir a la adicción cuando la persona pierde la habilidad de dominar y controlar el deseo de experimentar las sensaciones placenteras. Así, la lujuria del sentido del gusto puede aparecer en la forma de adicción a la comida o al alcohol. Podemos desarrollar una adicción a las sensaciones placenteras que experimentamos, interna o mentalmente, a causa de sustancias tales como las drogas.

En referencia a los deseos excesivos, encontramos escrito en las enseñanzas budistas que: "El hombre que recoge las flores de los placeres sensuales, cuya mente es distraída y es insaciable en sus deseos, caerá bajo el dominio del Destructor". (Dhammapada 48)

El Nuevo Testamento cristiano dice:

> Que nadie cuando sea tentado diga: "Soy tentado por Dios"; porque Dios no puede ser tentado por el mal, ni Él tienta a nadie; pero cada uno es tentado cuando es arrastrado y seducido por su propio deseo. Entonces cuando se concibe el deseo comienza el pecado; y cuando el deseo crece completamente, engendra la muerte.
>
> (Santiago 1.13-15)

También:

No se embriaguen con vino, porque esto es perversión;
llénense más bien con el Espíritu.

(Efesios 5.18)

En el Antiguo Testamento está escrito:

¡Ay de aquellos que se levantan temprano en la mañana
y buscan el licor, que se trasnochan hasta que el vino los
inflama! Tienen liras y arpas, flautas y panderetas y vino
en su fiesta, pero no consideran los actos del Señor, ni
ven la obra de Sus manos.

(Isaías 5.11-12)

Cuando no experimentamos la plenitud del alma,
buscamos la satisfacción en el mundo externo. La búsqueda
del placer externo puede ser un síntoma de que anhelamos
el contacto con Dios. Estamos deseando nuestro estado
original de dicha infinita, que hemos perdido por el apego y
los deseos por las cosas de este mundo. Las adicciones son
una señal de la búsqueda de Dios por la humanidad. Son
la manifestación del hambre espiritual, pero mal dirigida.
Las adicciones pueden eliminarse cuando nos ponemos
en contacto con Dios. Si estamos afligidos por la lujuria,
podremos superarla dirigiendo nuestra atención al sitio
donde se encuentra la verdadera satisfacción, dentro de
nuestra propia alma.

Nuestra alma está libre de lujuria, no necesita anhelar los
deseos carnales porque está en unión perpetua con el Señor.
Todo su ser está impregnado de amor y dicha. Cualquier
placer de este mundo parece insípido comparado con el sabor
divino del néctar de amor del Señor internamente. Cuando
empoderamos a nuestra alma, ya no necesitamos los placeres
transitorios de este mundo.

¿Cómo forma el apego las cubiertas sobre nuestra alma?

El apego bloquea nuestra alma. El apego es una cualidad de la mente; el desapego es una cualidad del alma. El Señor Buda nos indica que deberíamos: "No tener deseos". El apego nos acarrea dolor y sufrimiento. ¿Por qué? Cuando estamos apegados a algo tememos perderlo; este temor inicia una reacción en cadena que lleva a conductas negativas. Cuando estamos apegados a algo nos llenamos de ira cuando lo perdemos. Cuando estamos apegados a algo que no es nuestro, engañamos y mentimos para mantenerlo. Cuando estamos apegados sentimos codicia por tener más de lo que tenemos. Cuando estamos apegados nos volvemos obsesivos y lujuriosos. Cuando estamos apegados nos volvemos egoístas y reacios a compartir. El apego nos lleva a caer en un oscuro abismo de donde hay muy poca probabilidad de escapar.

Si consideramos a los animales y los insectos, vemos cómo el apego de uno solo de sus sentidos los lleva a la autodestrucción. Por ejemplo, el apego de la abeja por el gusto, la lleva a penetrar en el corazón de las flores fragantes que pueden cerrarse y quitarle la vida. La atracción de la polilla por la luz es la causa de que esta vuele hacia las llamas y se consuma. En las escrituras sijs está escrito:

Por amor al loto, la abeja zumbadora se destruye,
No encuentra la forma de escapar.
Dominado por la lujuria el elefante es atrapado,
Indefenso bajo el poder de los demás.
Por amor al sonido, el venado agacha su cabeza,
Y de esta manera es despedazado.
(Adi Granth, Dhanasari, M.5.P. 670-71)

Si un sentido puede dominar a un animal, ¡qué pasa con los seres humanos que tienen cinco sentidos! Nuestras vidas humanas están inundadas con las impresiones sensoriales del mundo, a las que nos apegamos. El apego puede ser un obstáculo fatal para experimentar al alma. Podemos estar tan apegados a algo que nuestra atención se enfoca en eso, y nunca nos interesamos en buscar a nuestra alma. Si perdemos aquello a lo que estamos apegados, el dolor puede ser tan grande que no podemos concentrarnos para encontrar al alma. O podemos estar tan decididos en recuperar lo que hemos perdido, buscando la realización en el mundo transitorio externo, que nunca nos detenemos a buscar la felicidad permanente que nos espera en nuestro interior. Finalmente, nos obsesionamos tanto en conseguir el objeto de nuestros deseos, que somos capaces de hacer cualquier cosa para conseguirlo, aunque esto signifique ser violentos, robar, engañar, defraudar o mentir. De esta forma, el apego mantiene a nuestra mente empoderada, en vez de nuestra alma.

La verdadera condición del alma es el desapego. El desapego, en este sentido, no significa desinterés o apatía; más bien, significa que vivimos en el mundo como un cisne vive en el agua. Puede nadar en el agua, pero vuela con las alas secas. Podemos disfrutar de lo que necesitamos para mantener nuestro cuerpo, para ganar el sustento, para contribuir a la sociedad, para cumplir con nuestras responsabilidades con la familia y comunidad sin apegarnos a ello. Podemos aceptar lo que nos llega, y también aceptar lo que perdemos. Vivimos con la certeza de que todo lo que existe proviene de Dios, y como tal, es propiedad de Dios. Todo lo que es nuestro lo hemos recibido como un préstamo. Cuando tenemos que devolver lo prestado, lo hacemos con gratitud por el tiempo que lo tuvimos, sin maldecir nuestro destino. Tomamos lo que nos llega con un espíritu de aceptación y gratitud. Nuestra alma vive en este estado. Cuando un amigo de Rabia Basri acudió donde ella quejándose de dolor con un vendaje en la cabeza, ella le preguntó: "¿Cuánto tiempo has tenido ese dolor de cabeza?" El amigo le dijo: "Unas pocas horas". Ella, entonces, le preguntó: "¿Por cuánto tiempo has estado sin dolor de cabeza?" Él contestó: "Muchos años". Rabia le dijo: "Por unas horas estás usando la venda de la queja; pero durante todos esos años que no tuviste dolor de cabeza, nunca llevaste la venda de la gratitud". Ella señalaba la necesidad de vivir en un estado de aceptación de todo lo que Dios nos envía.

Cuando nuestra alma está empoderada, permanecemos desapegados. Si podemos vivir de tal manera en la que no nos apegamos a nada transitorio de este mundo, entonces, estaremos verdaderamente libres. Estamos libres del temor a la pérdida, y podemos gozar de los dones inmateriales que nos esperan internamente.

¿Cómo el ego y la vanidad crean cubiertas alrededor de nuestra alma?

Se dice que de todos los obstáculos del alma, el último en ser eliminado es el ego. El ego es, a la vez, evidente y sutil. Hace que nos olvidemos de nuestro verdadero ser y de Dios. Como está escrito en las escrituras Hindúes:

> Aléjate de todo el orgullo y los celos. Abandona la idea del "yo y lo mío"... Mientras haya conciencia de la diversidad y no de la unidad del Ser, el hombre ignorantemente piensa que es un individuo separado, como "hacedor" de las acciones y "experimentador" de los efectos. Continúa sometido a nacer y morir, conoce la felicidad y la miseria, y está atado por sus propias acciones, buenas o malas.
>
> (Srimad Bhagavatam 11.4)

En la tradición budista se dice:

> Viajando impotentes, así como un balde
> viaja en un pozo:
> Primero con el pensamiento de "yo",
> malinterpretando al ser,
> Y luego, despertando el apego por las cosas
> con el pensamiento de "mío".

(Candrakirti, Madhayamakavatara 3)

Para erradicar el ego, necesitamos un claro entendimiento y un firme dominio de la mente. Podemos padecer del ego de las riquezas cuando estamos orgullosos de cuánto dinero tenemos y de nuestras posesiones lujosas. El ego hace que despreciemos a aquellos que no tienen tanto como nosotros. El ego puede llevarnos a herir los sentimientos de aquellos que no están bien económicamente.

Sufrimos del ego del conocimiento cuando estamos orgullosos de cuánto sabemos. Estamos llenos de vanidad por el número de títulos universitarios que tenemos. Creemos que sabemos más que nadie en nuestro empleo. Carecemos de humildad y pensamos que somos la fuente de todo el conocimiento, y despreciamos a los que saben menos que nosotros. Poco comprendemos que la fuente de toda la sabiduría está dentro de todos los seres humanos. Cuando creemos que somos más inteligentes y conocedores que los demás, herimos a quienes tienen un pensamiento más sencillo o carecen del entrenamiento que nosotros hemos recibido.

Además, está el ego de belleza. Podemos pensar que somos la más bella de las criaturas. Podemos hacer ostentación de nuestra apariencia, a tal extremo, que hacemos sentir inferiores a los que no son tan bellos como nosotros. Podemos usar nuestra apariencia para manipular a los demás o a persuadirlos para satisfacer nuestros deseos. Podemos aparentar y posar, podemos tratar de seducir a los demás para que nos den lo que queremos. Este tipo de ego conduce a una forma de engaño e hipocresía, porque utilizando nuestra apariencia, hacemos creer a los demás algo que no somos. Esto puede hacerles daño a otros, pero nos perjudica principalmente a nosotros.

Nos volvemos egotistas cuando hablamos o pensamos demasiado de sí mismos. Si nuestra atención está en nuestra apariencia externa, en nuestra personalidad, en nuestro intelecto o en nuestras posesiones, con seguridad no vamos a estar enfocados en nuestra alma. El alma es la fuente de toda belleza, sabiduría y riqueza, pero permaneceremos privados de estos dones mientras estemos llenos de pensamientos sobre nuestro cuerpo y nuestra mente. Estos dones externos nos abandonarán un día y nos iremos de este mundo con las manos vacías. La Biblia dice: "No acumulen tesoros aquí en la tierra, donde la polilla y el óxido los corrompan, donde los ladrones entran y los roban; más bien guarden sus tesoros en el cielo, donde la polilla y el óxido no los corrompan, donde los ladrones no entran y los roban. Porque donde está tu tesoro, allí también estará tu corazón". (Mateo 6:19-21) La belleza externa se desvanece con la edad. Si no tenemos belleza de espíritu, pocos se sentirán atraídos por nuestra belleza externa a medida que las arrugas aparecen en nuestro rostro. El conocimiento también es limitado, porque cambia cada año. Lo que aprendimos en la primaria puede hoy ser obsoleto. Los descubrimientos de los científicos de hoy serán obsoletos mañana. El conocimiento no es una base permanente para sustentar nuestro ego. Las riquezas pueden desaparecer con un cambio en la economía. Los valores y las acciones pueden bajar de precio, o una grave enfermedad puede acabar con nuestros recursos. En la riqueza no hay estabilidad, y significa que el orgullo basado en la riqueza se soporta sobre suelo frágil.

Nuestra alma no tiene ego; Por lo tanto está libre del temor a las vicisitudes de la vida. Si empoderamos a nuestra alma, nos liberaremos de la necesidad de apoyarnos en la fuente externa del orgullo para sentirnos felices. Entonces, viviremos en un estado de felicidad eterna, que es el estado natural de nuestra alma al estar unida con el Señor.

El ego asume muchas formas. Se dice que entre los ascetas y los monjes, el último enemigo que deben conquistar es el ego. Pueden abandonar su deseo por los bienes materiales, pueden abandonar la lujuria, la ira, la codicia y el apego, pero si se enorgullecen de esta renunciación, seguirán aún atrapados sutilmente en la red del ego. Así es como el ego levanta imperceptiblemente su horrible cabeza.

Dicen los místicos: "Donde yo estoy, Dios no está. Donde Dios está, yo no estoy".

En las escrituras sijs está escrito:

> Donde existe el egoísmo, No hay experiencia de Ti,
> Donde existes Tú, no existe el egoísmo.
> Ustedes que son los eruditos, preséntenle a su mente
> Esta expresión inexpresable.
>
> (Adi Granth, Maru-ki-Var, M.1, p.1092)

Si Dios y el alma son uno, ya no existe más el Tú y el yo. Ambos son Tú. En un cuento de la tradición sufí un hombre fue a la puerta de la casa de Dios y golpeó. Dios preguntó: "¿Quién está allí?" El hombre le contestó: "Soy yo", y la puerta no se abrió. El hombre regresó a su casa sin ver a Dios. Reflexionó por mucho tiempo sobre el por qué Dios no le dejó entrar y oró por una respuesta. Finalmente, tuvo un momento de iluminación y comprendió cuál era el problema. Regresó a la casa de Dios y golpeó de nuevo a la puerta. Esta vez, cuando Dios preguntó: "¿Quién está allí?" El hombre contestó: "Soy Tú". La puerta se abrió y él logró la comunión con el Señor.

Cuando eliminamos el ego—el yo-ismo como se le llama—
seremos uno con Dios y no habrá más separación del alma con
Dios. Sant Kirpal Singh Ji Maharaj solía decir que Dios más mente
es igual al hombre; y que hombre menos mente es igual a Dios
(el término hombre en su época abarcaba a todo ser humano).
El ego crea la ilusión de que estamos separados de Dios. El ego
crea el obstáculo que nos impide darle poder al alma.

¿Cómo las cubiertas crean el olvido de quiénes somos?

Las cubiertas creadas por la ira, la lujuria, la codicia, el apego,
la falsedad y el ego nos hacen olvidar nuestra verdadera
naturaleza como almas. Hemos olvidado que somos amor,
verdad, paz, dicha, humildad, pureza y desapego. Hemos
olvidado a Dios y hemos olvidado que somos almas. En las
escrituras musulmanas se dice: "No sean como aquellos que
olvidaron a Dios, y por eso Él les hizo olvidar sus propias
almas". (Corán 59.19)

Cuando nos identificamos con nuestra mente y los
sentidos, continuamos añadiendo cubiertas a nuestra alma
brillante, a través de nuestra inmersión en las cualidades
negativas y las pasiones. De esta manera, nuestra vida se
convierte en un continuo drama de dolor y tristeza.

¿Cómo podemos retirar las cubiertas?

Necesitamos remover los velos que cubren nuestra alma
para que podamos brillar con nuestra propia luz innata.
Necesitamos desentrañar las telas que cubren el foco,
para que no quede ningún velo, y podamos existir en toda
nuestra gloria prístina. Los santos y místicos pasan sus vidas

removiendo las cubiertas del alma. Una vez que llegan hasta su esencia, alcanzan el éxtasis, la alegría y la paz que son su verdadera naturaleza. Deseando compartir esa experiencia con los demás, le enseñan a la humanidad cómo quitar las cubiertas. Cada uno de ellos estuvo en contacto con las leyes de Dios y procuraron transmitirlas a la gente de su tiempo. Trataron de convencer a sus seguidores de que las cubiertas de la ira, la lujuria, la codicia, la falsedad, el apego y el ego son locuras de la mente. Querían que nosotros entendiéramos que el alma vive por la ley de Dios: la ley del amor y la verdad.

Tenemos una tarea gigantesca frente a nosotros. Tenemos demasiadas cubiertas que retirar para llegar a nuestra verdad, pero la tarea es posible. Si comenzamos ahora, llegaremos al fondo de quiénes somos. Si seguimos las enseñanzas de los santos, místicos y maestros espirituales, descubriremos un manual de instrucciones para eliminar las cubiertas que mantienen a nuestra alma alejada de Dios.

PARTE III

Cómo acceder a la energía ilimitada de nuestra alma

ONCE

La meditación: puerta de acceso al alma

Los tesoros de nuestra alma permanecen ocultos bajo las cubiertas de la mente, la materia y la ilusión. Nuestra atención está enfocada en el mundo externo, en vez del interno. Continuamos añadiendo más cubiertas debido a los deseos de nuestra mente que nos hacen caer en la ira, la violencia, la lujuria, la codicia, el apego, la falsedad y el ego.

¿Existe alguna manera de atravesar estos obstáculos para experimentar el alma? ¿Cómo podemos evitar ser arrastrados por el mar de la vida? Afortunadamente, los santos y los místicos en todas las épocas han podido aventurarse dentro del reino del alma. De igual manera que los pioneros exploraron los océanos cuando la gente creía que el mundo era plano y los valientes astronautas se aventuraron por el espacio sideral, han existido exploradores de los mundos internos del alma. Ellos superaron grandes obstáculos, la atracción de la mente y los sentidos, para invertir su atención y dirigirla hacia su ser interno. Descubriendo la puerta de entrada, entraron y eliminaron las cubiertas del alma, para que su verdadero ser pudiera brillar en toda su gloria prístina. Aprendieron a estructurar sus vidas para encontrar el tiempo para vivir como almas empoderadas. Aprendieron cómo equilibrar sus vidas para desarrollar el lado espiritual, mientras que al mismo tiempo cumplían con sus responsabilidades mundanas. Aprendieron a beber del néctar espiritual interno y compartir esa rebosante copa con los que estaban sedientos.

Estos exploradores internos venían de todos los orígenes, todas las culturas, todas las religiones y todas las edades. Sin embargo, descubrieron el mismo camino interno y el mismo tesoro. Pero usaron diferentes terminologías para describir la misma experiencia. Los siguientes capítulos nos proporcionan la hoja de ruta que ellos dejaron para que nosotros, también, podamos tomar el mismo camino. Al estudiar la manera como experimentaron sus almas, tenemos la oportunidad de llegar a nuestro Creador.

¿Cómo podemos encontrar al alma?

¿Dónde está el alma en el cuerpo? ¿Cuál es su tamaño y forma? ¿Dónde buscamos para encontrarla? Cuando hablamos del alma, hablamos de sus características. Pero, ¿existe alguna manera física de describir a nuestra alma?

Nuestra alma trasciende la descripción física, porque no es hecha de materia. La materia tiene peso y ocupa espacio, pero el alma es espíritu, y como tal no está hecha de materia. Como espíritu es invisible, es conciencia. Cuando los médicos diseccionan un cuerpo solo encuentran materia; no encuentran al alma. El alma pertenece a una dimensión en la cual solo hay Luz y Sonido, pero no la luz y el sonido que conocemos en este mundo. Son una luz y sonido muy superiores; la luz y sonido del universo físico no son más que un reflejo. Como alma, tenemos una luz más brillante que dieciséis soles externos, pero no es quemante ni ardiente. Es una luz calmante y amorosa. Nosotros vibramos con una armonía celestial que no puede ser oída con nuestros oídos físicos.

El alma está conectada con el cuerpo físico a través de un cordón de plata invisible a los ojos. Los santos y místicos se han referido a este como a una cuerda luminosa que le permite al alma trascender el cuerpo, viajar a los reinos espirituales y regresar. Al morir, el cordón de plata es cortado para que el alma no regrese. Cuando el alma abandona al cuerpo durante la meditación, el cordón de plata permanece intacto para que el alma pueda regresar.

La expresión externa de nuestra alma es la atención. La atención está dispersa por todo el cuerpo. El alma es la vida del cuerpo. Si un cuerpo carece de alma o si el cordón de plata ha sido cortado, no puede permanecer vivo. El asiento del alma se encuentra en un punto, en medio y detrás de las dos cejas. Este centro es conocido como el tercer ojo u ojo único. También se conoce como la décima puerta, sexto chacra, ajna chacra, daswan dwar, tisra til, o el monte de la transfiguración. Al concentrarse en este punto, podemos acceder al alma. Este punto es una puerta a través de la cual el alma puede entrar a los reinos espirituales internos.

¿Dónde están los reinos internos?

Cuando enfocamos completamente nuestra atención en el tercer ojo u ojo único, encontramos los reinos internos. Estas son dimensiones internas que existen al mismo tiempo que nuestro universo físico. A falta de una mejor terminología, hablamos de las regiones internas y externas, o superior e inferior. Estos reinos son estados de conciencia que no existen en el tiempo y el espacio; solo nuestro mundo físico se mide en términos de tiempo y espacio. La región física, incluyendo la tierra, el sol, los planetas y las galaxias existen simultáneamente con las regiones espirituales. Mencionamos el marco de referencia como tiempo y espacio, porque esas son las medidas que aplicamos en este universo físico. Pero todas estas regiones, de la física a la espiritual, existen como estados de conciencia. Cuando hablamos de viajar a las regiones internas o superiores, en realidad no estamos viajando a ninguna parte. De hecho, estamos reenfocando nuestra atención hacia un estado de conciencia o percepción diferente. Por ejemplo, recordemos un momento en el que estábamos sentados escuchando una conversación. De repente recordamos algo que nos sucedió antes, y toda la escena que ocurrió en otro tiempo y lugar se repite ante nuestros ojos. No hemos ido a ninguna parte, pero nuestra ubicación parece haber cambiado en el ojo de nuestra mente. Aunque viajar a una región interna no es igual a soñar despiertos o a usar la imaginación, hay un cambio similar en nuestra percepción por medio de la cual nos volvemos conscientes de una región interna. El cuerpo físico permanece sentado con los ojos cerrados, pero nuestra alma se vuelve consciente de una región o un lugar diferente.

Hay una anécdota de la vida del santo sufí Bulleh Shah, que ilustra donde encontrar las regiones internas. Bulleh Shah fue donde su maestro Inayat Shah para pedirle instrucciones de cómo encontrar a Dios. Inayat Shah usó el ejemplo de la jardinería para responderle a su discípulo. Le dijo: "Así como trasplantas una planta de un lado a otro del jardín, trasplanta tu atención de aquí para allá". Para encontrar los reinos internos solo tenemos que desviar nuestra atención del mundo físico al espiritual. En vez de pensar en el mundo y en el cuerpo, enfocamos nuestra atención en un punto específico, en el tercer ojo u ojo único.

En la Biblia está escrito: "La luz del cuerpo es el ojo, por lo tanto, si tu ojo fuese único, todo tu cuerpo estará lleno de luz". (Mateo 6:22). La luz aquí mencionada no es la sabiduría intelectual, es una luz real que uno ve detrás y en medio de las dos cejas. Si nuestra atención está concentrada en este punto particular podemos ver la luz refulgente de Dios.

Las instrucciones para encontrar este centro son a menudo parte de una tradición oral secreta de los santos y místicos. Los métodos no son generalmente conocidos por las masas, excepto por aquellos que exploran más profundamente sus propias religiones y creencias para descubrir su lado más místico y esotérico. Las prácticas esotéricas fueron transmitidas de Maestros a discípulos por la tradición oral, y se escribió muy poco. Afortunadamente, encontramos referencias en algunas escrituras, pero la mayoría de la gente, al leer esto, las pasan por alto sin comprender que se refieren a la puerta de entrada al Más Allá.

Alguien que ha tenido acceso a esta entrada entiende el significado de dichas referencias y nos las puede explicar. Entonces, una vez entendido el significado de estas escrituras nos damos cuenta de que estas nos proporcionan una hoja de ruta para llegar a la misma puerta.

Cómo llegar a la puerta

Saber que existe una puerta de entrada al Más Allá, ubicada en el tercer ojo u ojo único es el primer paso. ¿Pero, cómo llegamos a esa puerta? ¿Cómo encontramos ese punto? Los santos y los místicos han señalado en todas las épocas que el sendero hacia esa puerta es a través de la meditación. Tenemos que retirar nuestra atención del mundo externo y enfocarla en ese centro, para ir a los reinos interiores. Tenemos que retirar nuestra atención de afuera y enfocarla adentro.

Enfocando nuestra atención

La atención es la expresión externa del alma. A través de la mente y los sentidos nuestra atención se dirige al mundo externo. Nos ocupamos de lo que está sucediendo fuera de nosotros debido a la información que recibimos de los sentidos. También nos ocupamos de los pensamientos que recorren por nuestra mente; la mayoría de estos giran alrededor de lo que ha sucedido en el pasado, o lo que va a suceder en el futuro. Reflexionamos sobre nuestros problemas del pasado y hacemos planes para el futuro. Nuestros pensamientos son un comentario constante de lo que está sucediendo. Nuestra mente reproduce todo lo que experimentamos y lo procesa comentando cada acción. Juzgamos, analizamos, criticamos y evaluamos todo lo que nos sucede. De esta manera, nuestra mente se ocupa continuamente del mundo, y nuestra atención se desvía de la puerta correcta hacia el Más Allá.

Nos parecemos a un ciego que ha sido puesto en una habitación y se le ha dicho que tantee las paredes alrededor para buscar el pomo de la puerta para salir del cuarto. Él continúa tocando las paredes buscando la puerta y cada vez que se acerca al pomo, siente una picazón. Retira la mano de la pared para rascarse y así no alcanza la cerradura. Similarmente, cuando estamos cerca de esa puerta, un pensamiento interviene para distraernos y nos impide descubrir la entrada. Abandonados al azar, tal vez nunca encontremos la entrada. Por lo tanto, debemos aprender conscientemente la técnica para llegar a ese punto. La meditación es el método por el cual podemos concentrar nuestra atención en el tercer ojo y encontrar la puerta interna.

¿Qué son la Luz y el Sonido de Dios?

El comienzo del viaje que nuestra alma debe recorrer es el contacto con la Luz y el Sonido de Dios. La Luz y el Sonido son las dos manifestaciones primarias de Dios. Se dice que cuando Dios quiso hacer la creación, una corriente emanó de Dios. Esa corriente se manifestó como Luz y Sonido. Era una corriente divina que trajo a la existencia toda la creación. A medida que esta se alejaba de su fuente, cambió la frecuencia vibratoria. Por lo tanto, las diversas regiones de diferente nivel vibratorio fueron creadas. Por último, el principio de Luz y Sonido trajo a la existencia al universo físico.

El universo físico está operando en la frecuencia vibratoria más densa. Es tan densa que se manifiesta como materia. Solo en las últimas décadas los científicos han empezado a comprender que lo que pensábamos que era materia sólida, en realidad, son paquetes danzantes de energía. En el núcleo de la materia hay una energía que se expresa como Luz y Sonido. Cuando dividimos el átomo hay una tremenda explosión de luz y sonido. Esta energía de luz y sonido dentro de nuestro universo físico, es la vibración más densa de la corriente de Luz y Sonido que emana del Creador. Esta dio origen a toda la creación y la sustenta.

La corriente de Luz y Sonido fluye desde Dios y también fluye de regreso hacia Dios. Podemos captar esta corriente en el tercer ojo u ojo único. Ese es el punto de conexión entre nuestra alma dentro del cuerpo y la corriente de Luz y Sonido que emana del Creador. Si podemos concentrar nuestra atención en ese punto, podemos contactar la corriente de Luz y Sonido y viajar sobre ella de regreso a las regiones superiores de la existencia. La corriente nos llevará finalmente hasta nuestra fuente original, de regreso al Señor.

Referencias a la Luz y Sonido en las religiones

Existe una similitud asombrosa en las descripciones de la corriente de Luz y Sonido en las diferentes tradiciones religiosas. El relato de la creación comienza con Dios como el poder que le dio origen a toda la existencia. Este poder es llamado por diferentes nombres, pero sus atributos son similares. Por ejemplo, la Biblia se refiere a él como el Verbo.

> "En el principio era el Verbo, y el Verbo estaba con Dios, y el Verbo era Dios. Este estaba en el principio con Dios. Todas las cosas fueron hechas por Él y sin Él nada de lo hecho fue hecho".
>
> (Juan 1.1-3)

Los antiguos filósofos griegos denominaron a este poder "logos". Para ellos, el "logos" era el medio que utilizó Dios para crear el universo.

En el Antiguo Testamento se dice:

> Él habló y se hizo.
>
> (Salmos 33:6,9)

> Sosteniendo todas las cosas por el Verbo de Su Poder.
>
> (Hebreos 1:3)

La hierba se marchita, la flor se seca, pero el Verbo de
Dios permanecerá para siempre.

(Isaías 40:8)

Y Dios dijo, Hágase la luz y la luz se hizo.

(Génesis 1:3)

En el Hinduismo, el Verbo es conocido como *Nad* o *Akash
Bani* (la Voz que baja de los cielos), *Udgit*, *Jyoti* y *Sruti* (Luz y
Sonido), o *Prakash*. Hay referencias en los Vedas y los Upanishads:

Él se ha apoyado en el Verbo, la tonada melodiosa.

En el Islam los sufíes se refieren a la corriente de Luz y
Sonido o Verbo como *Sultan-ul-Azkar* (el rey de las oraciones),
Nida-i-Asman (el Sonido Celestial), *Kalam-i-Qadim* (el Sonido
Antiguo) y *Kalma* (Palabra) o Verbo.

Shamas-i-Tabrez ha dicho: "La creación surgió del Saut
(Sonido o Verbo) y del Saut se esparció toda la luz".

En el sijismo hay numerosas referencias al poder creador
del Verbo/Palabra. Es conocido como Naam o *Shabd*:

El Verbo creó todos los sistemas celestiales y terrenales.

(Gurú Granth Sahib, Gauri M. 5)

En el prólogo del Jap Ji, de Gurú Nanak, está escrito:

Hay una Realidad, lo Inmanifestado Manifestado;
Siempre existente, Él es el Naam (Espíritu consciente);
El Creador omnipresente;
Sin temor, sin enemistad,
El inmortal, el No-nacido, y Auto-existente,
Completo en sí mismo.

Gurú Amar Das ha dicho: "Él está en todo y se deleita en
Su creación sustentándola por el *Shabd*". (Gurú Granth Sahib,
Majh M. 3)

Los zoroastrianos hablan de Sraosha o Verbo Creativo. En la tradición de los zoroastrianos tenemos:

> En donde el Omnisciente, auto Existente Dador de Vida, mora en Su omnipresente realidad. Invoco al divino Sraosha (es decir, el Verbo) que es el más grande de todos los dones divinos para el socorro espiritual.
>
> (HA 33-35, Ahuravaiti Yasna)

Otros santos también se han referido a la corriente de Sonido. Soami Shiv Dayal Singh lo ha expresado de la siguiente manera:

> El Sonido o el Verbo es la causa primordial de todo. Además, es el principio y el fin de todo.
>
> El Verbo y el espíritu, ambos, tienen el mismo origen, surgen de la misma esencia del Innombrable. Es tanto causa como efecto, y todo fue creado por Él. El Verbo es tanto el preceptor como el discípulo y retumba en el corazón de todos.[3]

Alguien que se ha conectado con la Luz y el Sonido, puede reconocer el verdadero significado de las referencias en las escrituras. A menudo, las escrituras están expresadas en un lenguaje metafórico y alegórico para evitar revelar la tradición oral secreta a la población en general. Solo aquellos que conocían la tradición oral secreta transmitida del maestro al discípulo, sabían el significado oculto de las escrituras. Una vez que comprendemos el lenguaje, el significado se aclara y podemos identificar las descripciones de los atributos del poder creativo, mencionados en las diversas escrituras.

Meditación en la Luz y el Sonido

La meditación en la Luz y el Sonido consiste de dos prácticas: la meditación en la Luz interna y la meditación en el Sonido interno. Ambas prácticas tienen como meta final un contacto consciente con la corriente de Luz y Sonido, que conduce al alma a elevarse por sobre la conciencia del cuerpo físico y viajar en los reinos internos.

⟶ Actividad ⟵

Cuando meditamos en la Luz interna, enfocamos nuestra atención en el tercer ojo u ojo único. Al mismo tiempo repetimos los nombres de Dios para mantener nuestra mente ocupada, y contactamos la Luz que está dentro de nosotros. A continuación se describen los pasos para esta práctica de meditación:

Siéntate en una posición cómoda de manera que nuestro cuerpo pueda permanecer quieto el mayor tiempo posible. Esto no requiere ninguna postura o asana difícil. Simplemente elijamos la posición que nos sea más cómoda, en la que podamos permanecer sentados por más tiempo. La meditación se puede practicar en la comodidad de nuestro propio hogar, en la oficina, mientras viajamos en autobús, tren o avión, o en cualquier ambiente al aire libre. No necesitamos abandonar nuestro hogar e ir a una selva, a la cima de una montaña o a una cueva a meditar. Es algo que podemos practicar donde quiera que estemos. Podemos sentarnos en una silla, un sofá o en el piso. Incluso podemos practicar la meditación acostados, aunque no es muy recomendable, ya que es fácil quedarnos dormidos en esta posición. Pero si estamos enfermos o tenemos alguna incapacidad física que impida sentarnos, entonces también podemos meditar acostados.

Una vez elegimos la posición, cerramos los ojos. Lo que ve la oscuridad no son los ojos externos sino nuestro ojo interno, el ojo del alma. Entonces, miramos en el centro del campo de oscuridad que está frente a nosotros. Cuando miramos en el centro, nuestra atención se enfoca horizontalmente con los ojos físicos, como a veinte centímetros al frente. No debemos tratar de levantar los ojos hacia arriba a nuestra frente con la esperanza de ver algo allí, porque eso causa tensión en los ojos y puede producir dolor de cabeza. Más bien, debemos contemplar tranquilamente con los ojos relajados como lo hacemos cuando vamos a dormir.

Inicialmente, vemos oscuridad. Pero si continuamos mirando al frente, la luz brotará sucesivamente. Podemos ver luces de diferentes colores: roja, amarilla, naranja, azul, verde, morada, blanca o dorada. Podemos ver escenas internas, tales como, las estrellas, la luna o el sol. Cualquier cosa que veamos, debemos continuar mirando en el centro. Finalmente, nos encontraremos con nuestra atención tan absorta en las escenas internas que empezamos a elevarnos por sobre la conciencia del cuerpo y a remontarnos en las regiones del Más Allá.

En la meditación en el sonido interno, escuchamos el Sonido que proviene de nuestro interior. La corriente de Sonido viene desde arriba y, finalmente atrae a nuestra alma internamente en su viaje hacia el Más Allá.

Referencias a la Meditación en las diferentes religiones

Santos y místicos de diferentes religiones han practicado ambas formas de meditación. Debido a que la terminología utilizada para describir la corriente de Luz y Sonido varía en las diversas lenguas y culturas, podemos creer que son prácticas diferentes. Sin embargo, las prácticas son básicamente las mismas en todo el mundo. Por ejemplo, en la Biblia, esta corriente de Luz y Sonido se llama Sagrado Verbo.

> Al escuchar oiréis y no entenderéis,
> Y viendo veréis y no percibiréis.
>
> (Mateo 13:14)

> Pero benditos son vuestros ojos, porque ellos Ven; y vuestros oídos, porque ellos Escuchan. Porque en verdad os digo que muchos profetas y hombres justos han deseado ver lo que vosotros veis, y no han visto; y oír lo que vosotros oís y no han oído.
>
> (Mateo 13:16-17)

La corriente de Luz y Sonido es sutil. Esta no puede ser percibida con los ojos y oídos físicos. Es algo que vemos y oímos con el ojo del alma. Entonces, cuando la Biblia nos dice que, "escuchando, escucharéis", está diciendo que el Verbo no se escucha con nuestros oídos físicos, sino con la atención del alma. Cuando vemos la Luz interna, ésta no es captada por nuestra retina ni transmitida por el nervio óptico al cerebro; más bien, es percibida al nivel del alma.

En la tradición sij, Gurú Nanak ha dicho:

> Sabed en verdad que el verdadero conocimiento
> y la meditación está en el Sonido Divino.
> Bendito es el árbol perenne con la inmensa sombra.

Los Upanishads dicen: "La meditación en el *Nad* o Principio del Sonido es el camino real hacia la salvación". (Hansa Naad Upanishad)

Maulana Rumi, un santo sufí ha dicho: "No sean escépticos, sino sintonícense con el sonido que desciende de los cielos". También ha dicho: "Elévate por sobre el horizonte, ¡Oh! alma valiente, y escucha la melodiosa canción que viene del altísimo cielo".

El profeta Mahoma dijo: "La Voz de Dios llega a mis oídos como cualquier otro sonido".

En las escrituras jaínas está escrito:

> Al aspirante se le recomienda sentarse en la soledad y meditar con la atención concentrada en un solo punto, repitiendo el Maha Mantra de Panch Permesti para percibir la luz.
>
> (Shri Sutra Nandi)

Si podemos meditar en la Luz y el Sonido internos, descubriremos que podemos alcanzar nuestra meta. Comenzamos nuestra concentración en el tercer ojo, porque desde allí es que el alma abandona el cuerpo. Reconociendo que la corriente de Luz y Sonido fluye de Dios, podemos captar su música celestial, y como una corriente seguirla de regreso a su fuente.

¿Cómo podemos mantener nuestra mente en calma, durante la meditación?

La mente está en continuo movimiento. Mientras más tratamos de mantenerla quieta, más pensamientos nos envía. La mente es como el mercurio, siempre inquieta y siempre en movimiento. Puede saltar de imágenes y pensamientos de Nueva York a París, de París a Delhi y, viceversa. Los santos y místicos han luchado con este problema en todos los tiempos. Muchas escrituras recomiendan mantener la mente ocupada con una tarea: la repetición del nombre del Señor. La repetición mantiene la mente ocupada para que nuestra atención pueda enfocar su mirada en el campo visual que hay delante de nosotros. Hay quienes practican esta repetición verbalmente. Algunos dicen los nombres de Dios mientras giran las cuentas. Otros lo hacen sentados en silencio, pero moviendo la lengua. La manera más eficiente es repetir los nombres de Dios mentalmente. Detrás de la repetición mental está la idea de mantener el cuerpo físico quieto. Si la lengua se mueve, la atención estará en el cerebro moviendo la lengua. Usar la lengua también quiere decir que el sonido de los nombres se hará audible, y activa nuestra atención hacia el sentido del oído. La repetición mental, sin embargo, no involucra a ninguno de los órganos de los sentidos. La boca está quieta y el sentido del oído no está activo. En la repetición mental solo se ocupa el pensamiento, que es precisamente el objetivo —mantener a la mente ocupada-. Uno repite los nombres de Dios, para así aquietar a la mente. Mientras la mente está quieta, nuestra atención puede enfocarse en el tercer ojo sin distracción, para que podamos ver la luz de Dios internamente.

Las palabras usadas en la repetición algunas veces se llaman un mantra. Los mantras se han usado desde tiempos antiguos, seleccionados por los santos o maestros que fueron expertos en el poder del sonido más allá del alcance humano. Estas sílabas sagradas, cuando se cargan con la atención espiritual de un ser iluminado, tienen el poder de atraer la atención hasta el punto donde se puede contactar la Luz y el Sonido. La carga ayuda al aspirante a enfocar la atención en el tercer ojo. Nos ayuda a retirarla del mundo y del cuerpo para enfocarla en el tercer ojo. La repetición de los nombres le da un impulso espiritual al alma, para que pueda retirarse de la conciencia del cuerpo y conectarse con la Luz y el Sonido interno, y finalmente, alcanzar la conciencia de los reinos del Más Allá.

Por medio de la meditación, un nuevo mundo se abre ante nosotros. Al aprender la meditación, podemos tener acceso a una puerta que nos conduce a los mundos internos de dicha, luz y amor.

DOCE

Viaje a los reinos de Luz dentro de nosotros

🍃

Regiones de Luz que abrazan a las almas con un amor poderoso, esperan por cada uno en nuestro interior. Imágenes y sonidos más allá de los que pudiéramos alguna vez imaginar residen dentro de nosotros. Una música increíble mucho más allá de la que pudiéramos reproducir con instrumentos mundanos repercute sin parar. Reinos en los que el amor resuena coexisten en este mismo instante en nuestro interior. Colores que jamás podríamos imaginar y sonidos tan melodiosos que encantan al alma, caracterizan a los reinos internos. Lugares de dicha y gozo en los que todas nuestras preocupaciones mundanas se olvidan, nos invitan desde adentro.

Sabemos que las personas que han tenido experiencias cercanas a la muerte—ECM, han encontrado, aún en las fronteras del más allá, una luz más brillante que cualquiera vista sobre la tierra. Ellos hablan de un ser de Luz que irradia tanto amor, que era más grande que cualquiera conocido en la tierra. Los libros del Doctor Raymond Moody y los relatos personales de Bette Eadie y muchos otros que han tenido experiencias cercanas a la muerte, nos dan un indicio de lo que nos espera internamente. Pero no necesitamos tener una experiencia cercana a la muerte para encontrar los reinos internos, puesto que podemos entrar por la puerta por medio de la meditación.

¿Cómo conocer acerca de los reinos internos?

Existe una cosmogonía interna de los reinos espirituales delineada para nosotros por los exploradores que los han visitado. Mientras que la terminología que se utiliza para describir estos reinos varía, sus experiencias son las mismas. Como se usan diferentes términos, la gente puede pensar que no se trata de los mismos lugares.

Tomemos una analogía de este mundo. Supongamos que tres personas—una de Francia, una de India y otra de América—hacen un viaje a Cachemira. El francés que visita Cachemira, al referirse a las flores que ve allí las llama "les fleurs". El hindú dirá "phul" y el visitante de América, "flowers". La experiencia es la misma, pero las palabras para describirla son diferentes. Ahora, supongamos que cada uno de estos viajeros publica lo que vio en una revista. Alguien de otro país que no habla inglés ni francés ni hindi lee los relatos; sin conocer las lenguas y sin haber estado en Cachemira, el lector puede pensar que los viajeros han visitado lugares diferentes. Solo un viajero experimentado, que también haya visitado Cachemira podría indicar que los tres viajeros de Francia, India y América se referían a las mismas escenas, pero simplemente utilizando términos diferentes.

Ocurre igual con los viajes en las regiones internas. Cada explorador puede haber venido de un país diferente y puede hablar un idioma diferente; entonces, años o siglos después, cuando leemos sus relatos, tal vez no nos damos cuenta de que estaban visitando el mismo lugar.

Otro problema que encontramos en las descripciones de las regiones internas es cómo dividirlas. Por ejemplo, un viajero interno puede dividirlas por ciertas características y líneas de demarcación y definir cinco regiones internas, mientras que otro puede dividirlas por diferentes características y clasificarlas en ocho regiones. Una tercera persona puede dividirlas en tres, mientras alguien más puede unirlas todas y decir que solo hay una. ¿Por qué sucede esto?

De nuevo usemos una analogía de los viajes alrededor del mundo. Supongamos que visitamos las cataratas del Niágara, que están en la frontera entre los Estados Unidos y Canadá. Sin la ayuda de un mapa, tal vez no nos demos cuenta de que hay una frontera entre los dos países y pensemos que ambos lados de las cataratas pertenecen al mismo país. En vista de que no hay mapas de las carreteras internas, ni están demarcadas sus calles, los viajeros de las regiones internas bien pueden contar el número de regiones de forma diferente.

Las descripciones que tenemos de los escritos de los exploradores del pasado son sumamente interesantes, y nos sirven de inspiración para emprender el mismo viaje interno. Pero la prueba de su existencia solo puede ser confirmada cuando hagamos el viaje nosotros mismos. Ningún escrito puede sustituir a la experiencia y satisfacer al buscador de la verdad, mientras que él mismo no vea con sus propios ojos y escuche con sus propios oídos. En esta época de pruebas científicas, la gente necesita de su propia experiencia para verificar la verdad de las declaraciones hechas por los demás. Podemos leer lo que otros han experimentado internamente, pero nuestra sed solo se saciará cuando nosotros mismos bebamos del néctar interno y descubramos con nuestros propios ojos y oídos lo que hay en el Más Allá. Al leer lo

que los santos y místicos han experimentado en el Más Allá
de, debemos tener en cuenta que a través de la meditación
podemos comprobar estas declaraciones, y experimentar la
verdad por sí mismos.

Descripción de las regiones internas

Existe una cosmogonía detallada de las regiones internas
proveniente de diferentes fuentes. Si comparamos los
Puranas hindúes, los escritos místicos que encontramos en
el cristianismo y el judaísmo, y los escritos de los santos del
Oriente de diversas tradiciones, obtenemos una descripción
de las regiones internas que están más allá del plano físico.

Aunque los relatos de otras religiones tal vez no sean
tan detallados, existen descripciones de algunas partes
de los reinos internos que coinciden con estos escritos.
Desafortunadamente, muchos de los santos, místicos,
profetas y fundadores de religiones, no registraron todas
sus experiencias internas, o no las registraron en absoluto.
Algunos santos y místicos no dejaron ningún escrito. Por
lo tanto, si una religión es fundada después de que estos
santos han abandonado el mundo, y el santo no dejó ningún
registro de las regiones internas, sus seguidores bien pueden
asumir que debido a que él no dijo nada, estas regiones no
existen.

Otra posibilidad consiste en que los seguidores crean
que los reinos internos solo existen, según los términos
descritos por su religión. Por ejemplo, en algunas religiones,
hay descripciones del cielo. Pero si solo se menciona el cielo
y no otro reino espiritual, los seguidores pueden pensar que
la única región que existe es ese cielo en particular.

Tenemos un problema similar cuando leemos la historia
del mundo. Los relatos históricos que encontramos en los

libros son subjetivos. Si el historiador prefiere no describir ciertos eventos de la historia, eso no significa que esos eventos no ocurrieron. De la misma manera, cuando examinamos los relatos de las regiones internas descritas por los santos, místicos, profetas e instructores espirituales, debemos tener en cuenta que cada uno describe las regiones hasta donde desea hacerlo o hasta donde lo considera necesario para sus seguidores. El hecho de que algunos no dejaran ningún registro, no implica que esos reinos internos no existan.

Muchos santos creyeron que la información sobre los reinos espirituales internos no era para las masas y mantuvieron la información en secreto, para ser pasada solo verbalmente del Maestro al discípulo. La antigua Escuela Esotérica Griega es un buen ejemplo de esto. Ellos revelaban los "misterios" solo a los iniciados. Pero algunos de los discípulos de estas escuelas esotéricas, tales como Platón y Sócrates, hicieron referencia en sus escritos a los misterios espirituales. Algunos de los santos como Kabir y Swami Shiv Dayal Singh, si dejaron registros detallados. A pesar de que mantuvieron en secreto algunas de sus enseñanzas solo para sus discípulos, ellos transmitieron mucha información sobre la cosmogonía interna para las masas.

Una recopilación de las regiones internas, tomada de varias fuentes, muestra una progresión de las regiones descritas en orden ascendente, desde el reino físico hasta el espiritual, o descendente, desde el reino espiritual hasta el reino físico.

En la Biblia, Jesús dice:

> En la casa de mi Padre hay muchas mansiones.
>
> (Juan 14:2-3)

A continuación se describe la cosmogonía desde el punto de vista de un alma que se eleva por sobre la conciencia del cuerpo en la meditación.

Cuando enfocamos nuestra atención en el tercer ojo, podemos captar la corriente de Luz y Sonido. El alma, absorta en esa corriente, comienza a trascender la conciencia del cuerpo y del mundo. A medida que nos absorbemos en la Luz interna, atravesamos un panorama de estrellas, luna y sol internos y llegamos a la puerta del reino astral, de donde fluye la corriente de Luz y Sonido. Nuestra alma, habiéndose desprendido de su cuerpo físico, ahora viaja en un cuerpo más etéreo y liviano, conocido como el cuerpo astral. La región astral, aunque no es tan sólida como el plano físico, tiene muchas características en común con este mundo, pero en una forma más fina y sutil. La luz es más brillante allí y la maravillosa corriente de Sonido impregna esta región con su propio sonido característico. Desafortunadamente, es muy fácil que una alma viajera quede cautivada y atrapada en esta región. Está llena de numerosas tentaciones que son mucho más fáciles de acceder que en el plano físico, porque allí no estorban los obstáculos del cuerpo físico. Tan pronto como los pensamientos se materializan, se puede pasar de un área de la región astral a otra, satisfaciendo un deseo tras otro. De ninguna manera es una región espiritual, y el alma se puede perder en una interminable fuente de placeres. Los santos y místicos tratan de evitar que sus discípulos se pierdan en esta región, y prefieren guiar al alma más allá hacia los planos superiores, protegiéndolos de estas distracciones.

El alma viaja de la región astral a la causal. El plano causal tiene su propia Luz y Sonido característicos, más brillantes y más melodiosos que aquellos encontrados en la región astral. Es en esta región que el alma funciona con un cuerpo causal y una mente causal, mucho más etéreos que el cuerpo astral y la mente astral, y se unifica con la Mente Universal.

Si bien esta es una perspectiva fascinante—tener el conocimiento de todas las operaciones de las tres regiones inferiores—esto, también, conlleva un gran peligro para el alma. El poder de la mente es tan grande, que podemos llegar a perdernos en su conocimiento. Podemos quedar atrapados en un estado de infinita creatividad, diseñando nuevos inventos, creando en los ámbitos de la música, poesía, bellas artes, danza, escultura y obras literarias. Muchas de las creaciones en el mundo físico son el resultado de la inspiración de las regiones causales de la Mente Universal. Así es como un científico, escritor, poeta o artista pueden despertar de un sueño o una fantasía con una repentina inspiración para crear algo o solucionar un problema.

Imagínense las interminables combinaciones y permutaciones creativas posibles. De un número determinado de notas musicales, la mente puede crear incontables canciones y melodías. De un grupo determinado de letras, sonidos y palabras, la mente puede crear un número aparentemente interminable de pensamientos escritos y hablados. De una limitada paleta de colores, uno puede crear numerosas pinturas. Recorran cualquier centro comercial y verán innumerables productos. Todo lo que existe en el mundo físico proviene de la mente, cuyo centro está en la región causal. Como se dice acerca de esta región en las escrituras hindúes: "Lo que se encuentra aquí (en el mundo fenoménico), lo mismo se encuentra allá (en Brahmán); y lo que hay allí, lo mismo está aquí". (Katha Upanishad 2.1.10)

Una vez más, es muy peligroso que el alma quede atrapada en la región causal. En verdad, es una región bella, aún más sutil que las regiones astral y física. Pero si el alma queda capturada en el conocimiento de la mente, puede tener muchas dificultades para elevarse más arriba.

Un guía espiritual es importante para asegurarse de que el alma no quede capturada en esta región. La Mente Universal hace todos los esfuerzos posibles para mantener al alma entre sus garras, porque la región siguiente es el reino espiritual, en el cual el alma recupera la conciencia de su verdadera naturaleza. Es solo con la guía de un viajero experimentado interno que podemos evitar las trampas que enfrentamos en las regiones astral y causal. El explorador interno que conoce el camino nos llevará a una región llamada supracausal, en vez de dejar que nos perdamos en la región causal. En la región supracausal encontramos un lago de néctar llamado Mansarovar, en el que el alma se baña y se desprende de su cuerpo causal. El alma está ahora cubierta solo con su cuerpo supracausal, que es apenas un tenue velo que la rodea. Esta región está más allá de la mente y los sentidos. No hay absolutamente ningún lenguaje físico que pueda describir el reino supracausal. Tenemos solo pálidas analogías para hacerlo. Dado que la mente física, astral y causal han quedado atrás en los mundos inferiores, la mente no nos sirve aquí. Esta es una experiencia del alma. El plano supracausal también tiene su propia Luz y Sonido característicos, que ayudan al alma a reconocer dónde está. Es en este plano que el alma, al recuperar la conciencia de su verdadera naturaleza, comprueba: "Soy de la misma esencia de Dios".

El alma, sin embargo, se da cuenta que aún queda un velo que la separa del Señor. En el alma surge un fuerte deseo de reunirse con su Amado. No quiere demorarse en la región supracausal. El llamado del Señor es intenso. El alma desea aventurarse más lejos, para llegar a los brazos de su amado Señor que la espera. Siguiendo aún más, el alma finalmente entra en la región puramente espiritual de Sach Khand o Sat Lok (la Verdadera Región), su Hogar Eterno. Con una intensidad mucho mayor que la de un amante mundano por su amada, el alma se precipita a los brazos de su Señor. Al igual que las limaduras de hierro hacia un imán, el alma es atraída para reunirse con Dios. Las alegrías del Hogar Eterno alcanzan una intensidad que está más allá del pensamiento humano. El alma entra en un estado de dicha eterna cuando se funde con Dios en esta región. Es con regocijo y alborozo que el alma experimenta aquí su verdadera naturaleza. Una sensación de libertad llena al alma, y esta existe en un estado de puro deleite y asombro. Aunque esta es una pálida analogía, imaginémonos la sensación de libertad y de paz que se siente cuando estamos de día de fiesta o en vacaciones. Podemos apagar las alarmas de los relojes, guardar nuestras agendas, y simplemente disfrutar de un estado eterno de relajación y gozo. Aquí el alma encuentra su descanso eterno de los dolores, sufrimientos, tentaciones y desilusiones de las regiones inferiores. Aquí no existe el dolor, ni la tristeza, ni la muerte. Todo es regocijo, amor y felicidad perpetua. Las almas gozan eternamente de la unión con el Señor. El alma ha sido empoderada. Entramos en un estado de ilimitada sabiduría divina, amor incondicional, éxtasis, comunión, valentía, conexión y dicha. Aquí existimos como almas completamente realizadas.

TRECE

Retirando las cubiertas del alma

U n equipo de montañistas que asciende a un pico del
Himalaya tiene que permanecer enfocado para alcanzar
su objetivo. De forma similar, cuando tratamos de
elevarnos por encima de la conciencia del cuerpo, nuestra
alma debe permanecer enfocada en la meta. Para retirar
nuestra atención hasta el sexto chacra, no podemos tener
ninguna interferencia de la mente o el cuerpo. Si movemos
nuestro cuerpo, nuestra concentración se altera. Si tenemos
pensamientos, nuestra mente perturba la concentración de
nuestra atención.

Un obstáculo que es la causa principal del retraso en
nuestro progreso, es la distracción durante la meditación
producida por nuestros pensamientos, palabras y acciones
negativas en el día.

Pensamientos distractores debido a la ira, la falsedad, la
lujuria, la codicia, el apego y el ego se arremolinan como un

tornado durante el tiempo que estamos tratando de meditar. Si podemos eliminar estos rasgos negativos o aprendemos a controlarlos, nuestra mente estará más equilibrada y serena, y nuestra meditación mejorará.

Si podemos eliminar este bloqueo, nuestra mente estará en el estado de calma y tranquilidad necesarios para una meditación exitosa, y pondremos fin a las cubiertas que añaden manchas oscuras y ocultan la luminosidad de nuestra alma.

Tomando conciencia de nuestros bloqueos

El primer paso para retirar los obstáculos que bloquean nuestra alma, es tomar conciencia de ellos. Cuando acudimos al médico, no podemos curarnos mientras no se haya hecho el diagnóstico correcto. Cuando vamos donde un maestro, la escuela debe hacer una evaluación de nuestros conocimientos actuales antes de saber qué necesitamos aprender. Cuando vamos donde un entrenador deportivo, deben analizarse nuestras habilidades antes de que podamos ser guiados para saber cómo mejorar. De forma similar, debemos conocer los impedimentos que tenemos, antes de comenzar el trabajo para superarlos.

Muchos santos, místicos y filósofos del pasado hicieron un esfuerzo sistemático para analizar sus propios bloqueos. Cada día, ellos revisaban sus pensamientos, palabras y acciones, cometidos a lo largo del día. Cuando encontraban fallas contra las diversas virtudes éticas, tomaban la resolución de mejorar al día siguiente. Khwaja Hafiz, el místico persa, ponía una piedrita en un cántaro de barro por cada una de sus faltas. Al cabo de varios días, se sentía afligido al ver que el jarrón estaba completamente lleno. En la India, algunos sabios tiraban pequeños granos de trigo en una jarra cada vez que fallaban en tener un comportamiento virtuoso. O hacían un nudo en su ropa por cada fracaso, y al final del día contaban los nudos.

El santo cristiano, San Ignacio de Loyola, sugirió que cada día las personas deberían analizar sus faltas. Recomendaba que le pidiéramos ayuda a Dios para que cada día pudiéramos recordar las veces que habíamos cometido una falta en particular, para pedirle perdón a Dios. Entonces, debemos mantenernos en guardia para no evitar cometer el error al día siguiente. Revisar nuestras faltas es como mirarnos en un espejo para descubrir las manchas que tenemos. Si enumeramos las diferentes categorías, tales como la no-violencia, la veracidad, la pureza, la humildad y el servicio desinteresado, y cada día contamos el número de faltas que tenemos en cada categoría, en pensamiento, palabra y obra, tendremos un perfil de los bloqueos que impiden empoderar a nuestra alma. No debemos hacer este auto-análisis con miras a castigarnos, sino para mejorar al día siguiente. Este ejercicio no debe servir de alimento para la depresión y reducir la autoestima; en cambio debe ser una herramienta para ayudarnos a determinar las áreas en que tenemos que mejorar para alcanzar nuestra meta espiritual.

Una vez que sabemos dónde estamos parados en cuanto a nuestros bloqueos actuales, entonces, podemos dar los pasos para eliminarlos. Podemos mantener un registro y hacer un seguimiento a largo plazo de nuestro progreso. Podemos aspirar a una meta de cero fallas en las diferentes virtudes, pero no debemos esperar acabar con ellas de inmediato. Cambiar toma tiempo. Los viejos hábitos tardan en morir. Nuestro progreso puede ser gradual, y eso está bien. Podemos comenzar con cambios progresivos, tales como uno, dos, tres, o cuatro mejoras en una categoría al día. O es posible que queramos comenzar concentrándonos en mejorar con una categoría a la vez, antes de seguir con las demás. No importa cómo lo hagamos, siempre que cada día veamos una mejoría. Para subir a una montaña hay que hacerlo paso a paso. Si creemos que vamos a volar a la cima en un instante, puede que nos desilusionemos y desalentemos por haber establecido metas poco realistas. En vez de descorazonarnos y renunciar, es mejor avanzar paso a paso y progresar gradualmente. Antes de darnos cuenta, llegará un día en el que encontraremos que hemos reducidos las faltas en muchas categorías. Así que comencemos por analizar dónde estamos. Seamos sinceros al mirarnos a sí mismos. Si tratamos de ocultar nuestros defectos, nadie más que nosotros saldrá perjudicado. Retardaremos nuestro progreso al ignorar nuestras manchas. Mientras más honestos seamos al identificar nuestras faltas, más pronto podremos emprender las acciones para corregirlas y comenzar a eliminarlas.

Eliminando el bloqueo de la ira

Puede que creamos que nadie sabe lo que pensamos, pero los pensamientos producen vibraciones que pueden ser captadas por otras personas en un nivel sutil. Por ejemplo, a Akbar, que era un Emperador de la India, en una ocasión, uno de sus ministros le aconsejó que tuviera cuidado con lo que pensaba de los demás. El ministro le dijo: "Los pensamientos son muy poderosos. Hagamos este experimento. Observa a aquel hombre que se acerca por el camino. A medida que se aproxime, quiero que tenga pensamientos iracundos contra él y veamos lo que pasa". El Emperador miró al forastero y pensó: "Esta persona debería ser golpeada".

Cuando el forastero se acercó, Akbar le preguntó: "¿Qué pensaste cuando viste mi rostro?"

"Discúlpeme Emperador, pero quería golpearlo y romperle la cabeza".

Sin mediar ni palabras ni acciones, el hombre captó los pensamientos violentos que tuvo Akbar hacia él y sintió el impulso de reaccionar de la misma manera. Aunque no digamos nada, nuestra ira puede causar una vibración negativa en el ambiente, ya sea por nuestro lenguaje corporal, gestos agresivos o tonos de enojo en nuestra voz. Esto afecta no solo a quien enviamos la ira, sino que regresa a nosotros como un búmeran, perturbando nuestra paz mental.

El resultado de nuestra ira es que cuando nos sentamos a meditar, revivimos el incidente iracundo. Recordamos una y otra vez nuestras airadas acciones o nuestras palabras y pensamientos coléricos. Continuaremos reaccionando y sintiéndonos molestos por lo que sucedió. Podemos pasar mucho tiempo pensando en cómo vamos a desquitarnos o vengarnos de la persona con la que tuvimos el altercado o en pagarle con la misma moneda. Podemos planear la solución del problema y lo que debemos hacer para protegernos la próxima vez. El valioso tiempo que habíamos planeado pasar en meditación, se agotará pensando en lo que sucedió en el pasado y sobre lo que podemos hacer en el futuro.

Podemos eliminar la ira reemplazándola por la no-violencia. Nos enfrentamos diariamente con numerosas situaciones que nos pueden alterar. Las cosas no marchan como quisiéramos. La gente no hace lo que deseamos y nos hieren con sus palabras. Responder a estas situaciones con ira solo perpetúa la negatividad. El ciclo: "Me hieres, te hiero", continúa interminablemente. La única forma de romperlo es parando la violencia.

Tenemos que asumir el control de nuestra mente y responder de otra forma. Puede ser difícil, pero no imposible. Cristo dijo: "Al que te golpee una mejilla, ofrécele la otra también". (Lucas 6:29) Mahatma Gandhi, usando medios no violentos, ayudó a independizar a India de Gran Bretaña. El Dr. Martín Luther King, Jr., encabezó el movimiento de los derechos civiles en los Estados Unidos por medios no violentos. Cada uno de ellos sabía que la violencia engendra violencia, y si queremos lograr un mundo pacífico y humanitario, esto solamente se puede conseguir por medios pacíficos. Podemos manejar la ira de diferentes formas. Una es proyectar las consecuencias de nuestra ira a largo plazo como un factor disuasivo. Otra manera es establecer una meta, y luego analizar el efecto que tendrá la ira para impedir que la logremos. Una tercera forma consiste en practicar la meditación para eliminar la respuesta fisiológica de la ira.

Si proyectamos las consecuencias futuras de la ira, podemos detener nuestras reacciones. Supongamos que alguien nos ha hecho enojar. Podemos entrenarnos en detener nuestra ira diciéndonos: "Si continuamos con pensamientos de ira, si hablamos de una manera agresiva o si actuamos con violencia, nos perjudicaremos". O podemos decir: "Si continúo en este estado, me estoy creando problemas". También podemos decir: "Esa persona me ha agredido y se ha creado problemas al hacerlo. ¿Deseo responder con ira y aumentar mis propios problemas?" Al volvernos conscientes del efecto de la ira, podemos ser capaces de entrenar nuestra mente para responder sin violencia ante situaciones, al igual que el Señor Buda, cuando un día alguien le lanzó una andanada de insultos. Él escuchó pacientemente, aunque algunos de sus discípulos estaban ofendidos y deseaban desquitarse del atacante. En cambio, el Señor Buda le dijo al agresor: "No acepto tu regalo". De esta manera, el regalo de la ira que trajo el atacante se quedó con él y no tuvo efecto sobre el Señor Buda.

Otra forma de controlar nuestra ira es establecer una meta. Si establecemos la meta de meditar cierto número de horas diarias para lograr el progreso espiritual, tenemos que cuidarnos de las intromisiones durante ese período. Si sentimos que comenzamos a enojarnos, podemos reflexionar: "Si permito que la ira me controle, esto hará que desperdicie el valioso tiempo de mi meditación. En vez de meditar, voy a acabar sentado y pensando sobre lo enojado que estoy. En tal estado, ¿cómo puedo meditar serenamente, y enfocarme en la contemplación interna? La ira puede amargarme la vida por horas o días, lo que ocasiona que desperdicie el poco tiempo que tengo disponible para meditar". Podemos extender este pensamiento diciendo: "Siempre va a haber situaciones difíciles que me causen molestia. No deseo andar por la vida enojándome a toda hora. Esta vida es muy preciosa—no quiero desperdiciarla en una ira innecesaria que no me va a ayudar".

Otra manera de lidiar con la ira es a través de la meditación. Esto parece una situación paradójica. Para tener una meditación fructífera tenemos que superar la ira, pero para superar la ira tenemos que meditar. Sin embargo, no es tanto una situación paradójica, sino que es un ciclo de éxito. No importa el nivel de meditación que hayamos logrado, el tiempo que dedicamos a meditar puede calmar nuestros ánimos para que no respondamos con ira en una situación dada. La meditación nos proporciona una respuesta fisiológica para calmar la ira. Nuestros latidos del corazón disminuyen durante la meditación. Esto tiene el efecto correspondiente de disminuir la velocidad de nuestras ondas cerebrales. Entramos en un estado más relajado del cuerpo y la mente. En tal estado, la ira tiene menos posibilidades de fortalecerse. A medida que nos calmamos y disipamos la ira, podemos aumentar nuestra concentración en la meditación. Mientras más tiempo pasemos en meditación, más practicamos en permanecer calmados y equilibrados.

Eliminando el bloqueo de la mentira

Otra vía por la que podemos acelerar nuestro progreso espiritual es la eliminación de la falsedad. La mentira es una trampa en la que la mente nos hace caer. Si decimos una mentira, engañamos a los demás, robamos u ocultamos la verdad, nuestra mente se ocupará en perpetuar la falsedad. Tendremos que dedicar tiempo para impedir que alguien nos descubra. Por cada mentira o acto deshonesto que cometamos, tenemos que cometer muchos más para encubrirlo. Tenemos que realizar un seguimiento de lo que dijimos a ésta o a aquella persona, para que nadie nos atrape en la mentira. La preocupación y el miedo pueden amargarnos, perturbando la paz de nuestra mente durante la meditación. Si somos honestos y veraces en todo momento, no tenemos nada que ocultar y nada que temer. Si somos honestos en nuestros tratos, no tenemos por qué preocuparnos de si alguien está siguiendo lo que hemos hecho. Podemos dormir tranquilos y meditar en paz.

Hay varias formas de eliminar la falsedad de nuestras vidas. Una es comprender que aunque podamos engañar a los demás por algún tiempo, Dios sabe lo que hacemos y nuestras acciones quedan registradas impecablemente en nuestra alma. No podemos ocultarle a Dios lo que hacemos. Podemos cubrir temporalmente los ojos de los demás, pero Dios es la verdad; y cuando nos involucramos en la mentira nos apartamos lejos del Señor. Algún día tendremos que responder por nuestros engaños. Si pensamos antes de actuar, podemos ahorrarnos muchos dolores de cabeza en el futuro.

Si establecemos la meta de empoderar al alma, entonces no queremos poner obstáculos en nuestro camino. Si reconocemos que una vida de mentiras nos va a volver esclavos de muchas más mentiras, pensaremos dos veces antes de mentir, robar y engañar. Nuestra vida no estará al servicio del alma y del Señor, sino de nuestra mentira. El tiempo que pasamos protegiendo la mentira nos alejará del estado de ecuanimidad que se necesita para la meditación. Durante el día, en vez de ocuparnos con pensamientos de amor, verdad y servicio, nos sentiremos acosados por nuestra mentira. ¿Queremos desperdiciar nuestras preciosas respiraciones que nos han sido dadas, para servir a la mentira? Pensando en nuestra meta y trabajando intensamente para lograrla, nos puede ayudar a cuidarnos de caer en la trampa de la mentira.

Eliminando el bloqueo de la lujuria

Otro bloqueo que necesitamos eliminar es la lujuria. La lujuria nos lleva en dirección contraria al descubrimiento de nuestra alma. Sabemos cómo la mente y los sentidos son arrastrados hacia las tentaciones del mundo. Cuando permitimos que esto suceda, somos como el niño en el carrusel que pasa una y otra vez por el anillo dorado, pero nunca lo puede agarrar. El anillo dorado nos está esperando en el sexto chacra. Si nuestra atención es desviada por la lujuria, no agarraremos el anillo. La lujuria solo demora nuestro progreso. ¿Podemos darnos el lujo de desperdiciar el tiempo, antes de llegar a la puerta que nos conduce al alma y a Dios?

Hay varias formas de superar la lujuria. Una es comprender el peligro de caer en sus trampas. Otra es mantener un firme compromiso con nuestras metas. La tercera forma es reemplazar la lujuria por la pureza y los gozos superiores, que se encuentran dentro durante la meditación.

Puede ser difícil, pero si podemos asumir el control y reflexionar sobre lo que vamos a hacer, antes de caer en la trampa de la lujuria, puede que evitemos el peligro. Si estamos en peligro de volvernos adictos a las drogas o al alcohol, debemos considerar el impacto que éstos tienen sobre nuestro cuerpo físico o en las vidas de nuestros seres amados, y obtener ayuda. Algunas personas son adictas a las actividades lujuriosas y se pierden en los placeres sensuales. Esas adicciones pueden hacerles daño a otros que no desean participar en ellas. El mismo dolor que podemos pensar que estamos evitando por medio de nuestras adicciones, regresará donde nosotros más adelante, y puede que sea multiplicado muchas veces si de alguna forma estamos lastimando a los demás. Participar de lujuria de cualquier tipo puede obstaculizar nuestro progreso. Los mayores placeres que nos esperan dentro, nos eludirán si quedamos atrapados en los efímeros placeres del mundo. Los placeres de este mundo son transitorios. Estamos desperdiciando la oportunidad de alcanzar un estado de dicha y felicidad duraderas y permanentes, cuando preferimos la lujuria a cambio de burbujas que pueden reventarse en cualquier momento. ¿Cómo podemos reemplazar la lujuria con la pureza? Si nos rodeamos de personas y ambientes en que prolifera la lujuria, la tentación será muy grande. Si reemplazamos estos con personas y ambientes cargados de pureza, enfrentaremos menos tentaciones. Podemos mantener nuestra mente ocupada en pensamientos puros leyendo las escrituras, escuchando música devocional o acudiendo a sitios donde podamos dedicarnos a Dios. Hablar de temas espirituales y de Dios puede ayudarnos a mantener la pureza de la palabra. Involucrarnos en actos de servicio desinteresado a los demás, dedicarnos a actividades que mejoren nuestra salud física y desarrollar nuestra mente, nuestras habilidades y talentos, puede ayudar a mantener pura nuestra mente.

Sin embargo, el mejor método para superar la lujuria, es reemplazar el placer mundano por el placer espiritual. Cuando un niño tiene un juguete que queremos quitarle de sus manos, la mejor manera es reemplazárselo por algo más divertido. La dicha que recibimos al conectar nuestra alma con Dios, nos gratifica y embriaga mucho más, es más plena, que cualquier otro placer de este mundo. Dedicar tiempo a la meditación nos proporciona un método para mantener nuestra atención alejada de las actividades lujuriosas. Cada vez que meditamos, nuestra alma se empodera. Cuando la empoderamos cada vez más, ella viene en nuestra ayuda para enfrentar las tentaciones mundanas. Dios le ayuda a nuestra alma a empoderarnos para que superemos la lujuria. Entonces, podremos concentrarnos en nuestras meditaciones. A medida que ganamos más en la meditación, nos volvemos más fuertes. Con renovada energía, nuestra alma puede controlar nuestra mente y sus lujurias. El ciclo continúa hasta que finalmente superamos el obstáculo de la lujuria y experimentamos un éxtasis más grande dentro de nosotros.

Superando el bloqueo de la codicia

La codicia nos mantiene en una banda sinfín. Nos lleva a buscar posesiones mundanas, una tras otra, y nunca nos hace sentir satisfechos. Podemos tener codicia de dinero, posesiones, poder o fama. No importa cuánto tengamos, siempre desearemos más, o desearemos algo diferente. El resultado es que nuestra energía se agota en la protección de lo que tenemos o en la adquisición de lo que no tenemos. Estamos tan preocupados por tratar de satisfacer nuestra codicia, que nos queda muy poco tiempo y energía para la realización de nuestra alma.

¿Cómo podemos eliminar el bloqueo de la codicia? Tenemos que desarrollar la comprensión correcta. Tenemos que entender que lo que tratamos de adquirir y conservar en este mundo es tan efímero como un castillo de arena en la playa. El océano de la vida puede arrasar con él con las olas que vienen, llevándose consigo aquello que tanto trabajo nos costó construir. Durante la meditación, sin embargo, podemos probar las riquezas permanentes que nos esperan internamente.

El rey Mahmud de Ghazni construyó su imperio conquistando pueblos de Asia. Había acumulado tesoros de todo su reino, pero justo antes de morir, pidió que le trajeran todas sus riquezas y tesoros. Durante varias horas contempló las monedas de oro, joyas preciosas, objetos valiosos. De repente comenzó a llorar. Le dijo a sus ministros: "He matado a decenas de miles de personas, haciendo que miles de mujeres quedaron viudas y niños huérfanos por estos objetos. Sin embargo, ni siquiera la moneda de oro más pequeña la puedo llevar conmigo ahora que estoy a punto de morir". Luego le pidió a sus cortesanos que cuando llevaran su cuerpo al lugar del entierro que extendieran sus dos manos fuera del ataúd. Cuando se le preguntó por qué quería hacerlo, respondió: "Quiero que el pueblo sepa, que a pesar de todas mis riquezas, me voy del mundo con las manos vacías. No podemos llevarnos nada con nosotros, de este mundo material". Cada vez que deseemos algo de este mundo, tomémonos un momento y consideremos lo que nos cuesta a nosotros. Así como Cristo dijo:

> ¿De qué le sirve al hombre ganar todas las posesiones de
> este mundo, si pierde su propia alma?"
>
> (Marcos 8.36)

La codicia puede ser reemplazada con el desapego. Al trabajar duro para ganar el sustento, algunas personas acumulan grandes ganancias, mientras otras ganan un pobre salario. Todo lo que recibamos debemos aceptarlo en un espíritu de desapego, sin volvernos codiciosos. Uno puede buscar posiciones para ganar dinero extra, y aún mantener un espíritu de desapego por los resultados. Podemos hacer uso de lo que ganamos para alimentar a nuestra familia, vestirla y tener una casa para ellos, para compartir con los necesitados. Pero lo que tenemos no debe ser objeto de nuestro apego. Lo que poseemos despierta nuestra codicia si pasamos todo el tiempo preocupados por conservarlo o por querer acumular más. Si utilizamos medios ilegales para ganar más, o si tratamos de quitarle a los demás lo que les corresponde, esto no solo es una violación de la verdad; es una expresión de codicia.

Las riquezas que acumulamos durante la vida no pueden acompañarnos al Más Allá; pero sí, el registro de nuestras acciones en esta vida. ¿Deseamos cambiar nuestra bondad innata por las posesiones transitorias? Al comprender que nuestra alma y Dios, es lo real, y que el mundo es transitorio, podemos tomar mejores decisiones y comenzar a controlar la codicia.

Otra forma de eliminar la codicia es analizar su costo para nuestra alma. Una anécdota de la vida de Abou Ben Adham ilustra este punto. Abou Ben Adham (conocido como Ebrahin Ibn Adham) era el rey de Balkh cuando ocurrió un incidente que despertó en él la inquietud sobre el verdadero propósito de la vida. Mientras estaba sentado en su trono, rodeado de sus ministros y dando audiencia a sus súbditos, repentinamente se le acercó un hombre. Este tenía una expresión tan terrible que incluso los ministros del rey no querían mirarlo.

"¿Qué quieres?", preguntó Abou.

"Yo solo estoy de paso por esta posada", contestó el extraño.

"Esto no es una posada; es mi palacio. Debes estar loco", respondió el rey.

"¿Quién fue el dueño de este palacio antes que tú?", preguntó el hombre.

"Mi padre", le contestó Abou.

"¿Y a quién le perteneció antes de él?"

"A mi abuelo", le respondió Abou. El diálogo continuó así, mientras el extraño seguía preguntándole sucesivamente por el anterior dueño del palacio.

Finalmente, el extranjero dijo: "¿Y a dónde se han ido todos sus dueños?" "Todos están muertos", contestó Abou.

"Entonces," concluyó el extraño, "esto tiene que ser una posada, porque continuamente se va una persona y llega otra". Al decir esto, el extraño desapareció. Esta conversación fue el comienzo de la búsqueda de Dios para Abou Ben Adham, al darse cuenta de que todas las cosas de este mundo son transitorias y que lo más importante, era encontrar a su alma y a Dios.

Para realizar nuestro ser y alcanzar a Dios, sabemos que se necesita tiempo y atención. Tenemos que dedicar tiempo a la meditación. Tenemos que eliminar los diferentes obstáculos llevando una vida positiva de amor; tenemos que pensar en lo que nos va a costar la codicia en términos de lograr nuestra meta.

¿Podemos reemplazar la codicia? La alegría de dar puede supera la felicidad de recibir. A cambio, podemos recibir mucho más de lo que damos. Las bendiciones que recibimos cuando damos y compartimos no se pueden medir en la tierra; nos bañamos con la gracia y el amor de Dios. Cuando nos encontremos en las garras de la codicia, podemos considerar hacer un acto desinteresado en su lugar. Con el tiempo, podemos formar en nosotros una nueva costumbre y empezar a buscar oportunidades de dar en vez de tomar.

Cada vez que sentimos que deseamos más objetos y posesiones, estamos perdiendo el control de sí mismos. Para restablecer nuestro equilibrio debemos sentarnos a meditar. Cuando contactamos la Luz y el Sonido, y nos aventuramos más allá de la conciencia del cuerpo, comprendemos la naturaleza perecedera de este mundo y la naturaleza permanente de nuestra alma. Experimentamos a nuestra alma más allá del cuerpo físico. Con esa nueva perspectiva podemos considerar los objetos de este mundo como burbujas que desaparecen en un abrir y cerrar de ojos. Nos damos cuenta que lo más importante en nosotros es nuestra alma y Dios. Llegamos a ver que en el Más Allá lo más importante es, cuánto damos de nosotros mismos a los demás, desinteresadamente.

Al desarrollar una actitud desinteresada y generosa, podemos encontrar que las manchas que cubren al alma debida a la codicia empiezan a desaparecer. Nuestro progreso espiritual puede mejorar cada vez que empoderamos a nuestra alma, al dar y compartir.

Superando el bloqueo del apego

El apego crea otro obstáculo para el alma, porque tira nuestra atención hacia el mundo. Como habitantes de este universo físico tenemos posesiones, relaciones familiares y objetos materiales que son necesarios para sobrevivir. Esto forma parte del ser humano. Lo que es perjudicial para nuestro progreso espiritual es estar tan apegados, que nos distraiga de nuestra meta espiritual. Podemos tener una familia, hogar, muebles, carro, ropa, cuenta bancaria y todo lo que necesitamos para la vida moderna, pero si estamos tan apegados a estas cosas y por ello no dedicamos atención a nuestra alma, a nuestro progreso espiritual, entonces esto se vuelve una fuente de esclavitud. Si deseamos darle poder a nuestra alma, debemos vivir en un estado de desapego. Eso significa que usamos las cosas que nos han dado o que hemos ganado, pero permanecemos desapegados para que no ocupen tanto nuestra atención y nos hagan olvidar a nuestra alma.

La forma de superar el apego es desarrollar el desapego. Tenemos que ser como la flor de loto que vive en las aguas turbias, pero cuyos pétalos permanecen inmaculados. Desapego, significa que vivimos en este mundo, pero que somos capaces de elevarnos por encima de este, cuando sea necesario conectar nuestra alma con Dios. Las cosas a las que estamos apegados en este mundo, no pueden acompañarnos más allá de esta vida. Esta toma de conciencia nos ayudará a enfocar nuestra atención en el aspecto espiritual de nuestra vida, porque lo que alcancemos en el reino del alma, nos acompañará para siempre.

El problema principal del apego, es que conduce a otras cualidades negativas. Si estamos demasiado apegados a algo, puede que nos enojemos con alguien que trata de quitárnoslo. Al aferrarnos a lo que estamos apegados, puede que entremos en el engaño o la mentira. Cuando deseamos más de esas cosas a las que estamos apegados, caemos en la codicia. El apego obsesivo conlleva a la lujuria. Podemos estar orgullosos de nuestras posesiones y acrecentar nuestro ego. Siendo conscientes de las trampas del apego y de cómo este puede añadir más y más cubiertas a nuestra alma, ello nos ayudará a apartarnos de este obstáculo. El desapego nos ayuda a liberarnos para buscar a Dios por medio de la meditación, para llevar una vida de cualidades positivas y realizar a nuestra alma.

Superando el bloqueo del ego

Uno de los obstáculos más sutiles y difíciles que debemos superar es el ego. El ego es la forma en que la mente nos impide tener contacto con nuestra naturaleza espiritual. El ego se manifiesta de formas diferentes: el orgullo de riqueza, orgullo de conocimiento, orgullo de belleza y orgullo de poder. El daño causado por el ego, es que aumenta nuestros atributos físicos y mentales, nuestra posición social y nuestras posiciones mundanas, mientras niega a Dios, que es el verdadero Dador de estos regalos. Al pensar demasiado en nosotros mismos, olvidamos que somos en realidad una parte de Dios, el único responsable por todo lo bueno que hay en nosotros y de todo lo que tenemos. Otro de los peligros del ego es que podemos herir a los demás haciéndoles creer que somos mejores, y que ellos no valen nada. Al herirlos, acabamos hiriéndonos a nosotros mismos.

El ego es el bloqueo más difícil de eliminar. Aun los Rishis y videntes que pasaron sus vidas haciendo penitencias, encontraron que no pudieron renunciar a su ego. Si las personas que pasaron sus vidas dedicadas a la devoción de Dios no pudieron abandonar el ego, ¿cómo puede hacerlo un principiante en el sendero espiritual?

Una forma eliminar el ego es ponernos en contacto con la Luz y el Sonido de Dios en la meditación. Cada vez que meditamos, el ego se vuelve cada vez mucho menor. ¿Por qué? Porque a medida que experimentamos nuestra alma, y la Luz y el Sonido internos, nos damos más cuenta de la grandeza de Dios. A medida que nuestra alma viaja a través de las regiones espirituales internas, comprendemos que somos parte de Dios y que todo lo que somos y todo lo que tenemos se lo debemos al Señor. Si nos dan un cuerpo hermoso, un buen intelecto o una buena posición o riquezas en la vida, todo esto se debe a la bendición de Dios. En vez de ser egoístas, desarrollamos una actitud de agradecimiento. En vez de estar llenos de nuestra propia grandeza, nos volvemos agradecidos con Dios.

Hay una historia maravillosa para ilustrar este punto. Hubo un hombre de santidad que había pasado toda su vida haciendo penitencias a Dios. Todos los días se arrodillaba sobre la dura tierra en oración. Oraba con tanta diligencia que sus rodillas se afectaron por estar en esta posición. Como vivía en el desierto, su única fuente de comida era un árbol de granadas. Cada día el árbol daba un fruto y el hombre bebía su jugo y comía la fruta. Cuando terminó la vida, este hombre fue llevado ante Dios para ser juzgado y determinar su suerte en el más allá. El Señor le dijo: "Te perdono como un gesto de gracia". El hombre quedó atónito. Se preguntaba por qué Dios lo estaba perdonando si él había pasado su vida entera de rodillas en oración al Señor. Él esperaba que Dios le hiciera grandes honores por su piedad y santidad. "¿Habría algún error?", se preguntaba.

El hombre finalmente dijo: "Oh Dios, he dedicado mi vida entera en oración a Ti ¿Cómo es que Tú me estás perdonando cuando no he cometido ningún pecado?"

Dios dijo: "¿Quieres que te muestre tus pecados?" El hombre estaba incrédulo porque no recordaba haber cometido ningún pecado en toda su vida.

"Sí, me gustaría saber cómo he pecado".

Dios dijo: "Cada día que tú caminaste hasta el lugar de tus oraciones, pisabas y matabas muchos insectos". A medida que Dios hablaba, el hombre empezó a temblar de miedo porque Dios lo iba a castigar.

Continuando, Dios dijo: "Vivías en un desierto incapaz de producir ningún alimento para ti, pero Yo hice que creciera un árbol de granadas para darte comida y bebida y tú nunca me agradeciste esto".

El hombre, comprendiendo sus errores, le rogó a Dios por su perdón.

Dios dijo: "¿Comprendes ahora, que como un signo de gracia te perdono todos tus pecados?" El hombre, comprendiendo sus errores, se inclinó en gratitud ante el Señor por Su misericordia.

Esta anécdota ilustra cuan sutil es el ego. A pesar de una vida de aparente piedad y santidad, el hombre inconscientemente cometía errores. El ego surge cuando pensamos que somos perfectos o mejor de lo que somos, y no tenemos humildad para reconocer nuestros defectos. No comprendemos que, a pesar de nuestras faltas, Dios es misericordioso y nos da lo que necesitamos, sea que lo merezcamos o no.

Podemos superar nuestro ego por medio de la meditación y presenciando mucho más la grandeza de Dios. Podemos también disminuir el ego si practicamos la gratitud hacia Dios por lo que recibimos. Cuando comprendamos que Él es el Dador y nosotros los receptores, entonces vamos a estar menos propensos a engrandecernos por nuestras buenas cualidades. Vamos a aceptar lo bueno que tenemos como un don de Dios, y empezaremos a desarrollar la humildad. Con esta humildad también vamos a empezar a ver lo bueno que hay en los demás. Vamos a ser más benevolentes, a aceptar y ser más tolerantes con sus errores, porque vamos a ver que nosotros también tenemos defectos. De esta manera, podemos eliminar el bloqueo del ego y regresar al estado natural de humildad que caracteriza a nuestra alma.

La introspección como una herramienta para analizarnos a nosotros mismos.

∞ Actividad ∞

Al dedicar algún tiempo diario a la introspección de nuestros pensamientos, palabras y acciones, podemos ver dónde nos encontramos. Encontraremos qué manchas estropean nuestra cara y podemos entonces dar pasos para eliminarlas. Si vemos que tenemos debilidades en ciertas áreas, podemos enfocarnos en superarlas. El primer paso es ser conscientes de nuestros bloqueos. Entonces, podemos tomar medidas para ser conscientes de nuestros pensamientos, palabras y acciones, y tratar de controlarlas. Poco a poco y de manera progresiva podremos eliminar cada bloqueo, uno por uno. A través de la meditación, podemos acelerar el proceso de entrar en contacto con la fuente de toda bondad. El poder limpiador de la Luz y el Sonido de Dios nos ayuda a eliminar las cualidades negativas. De esta forma nuestra alma puede brillar con toda su belleza, luz y amor.

CATORCE

Encontrando tiempo para nuestro ser

Si alguien nos dijera que en alguna parte del patio de nuestra casa, profundamente enterrado, hay un tesoro que vale millones de dólares, ¿qué haríamos? ¿Dónde estaríamos en todo nuestro tiempo libre? Probablemente estaríamos allí en el patio trasero, cavando frenéticamente hasta encontrar nuestro tesoro. ¿Cómo podríamos concentrarnos en otra cosa sabiendo que estamos viviendo encima de una mina de oro? Sin embargo, esta situación no está muy lejos de lo que sucede actualmente a cada uno de nosotros. Tenemos un tesoro enterrado dentro de nosotros, que contiene riquezas mucho más valiosas que millones de dólares. Tenemos una forma de conectarnos con nuestro Creador, quien espera que le encontremos dentro de nosotros, pero a pesar de esto, pasamos nuestras vidas ignorando nuestro ilimitado potencial.

La felicidad que creemos que se puede encontrar en las riquezas del mundo es ilusoria. La razón por la que queremos dinero es para comprar cosas. Creemos que esos objetos nos darán felicidad. Pero miren a las naciones más poderosas del mundo. ¿Son felices sus pueblos? Si lo fueran, ¿por qué hay tanta gente ahogando sus tristezas en las drogas, el alcohol, en pasatiempos destructivos o recostados en los sofás de los terapeutas? Algunas personas que tienen todo lo que puede comprar el dinero, además de fama y poder, a menudo son tan miserables que acaban sus vidas trágicamente, por una sobredosis de drogas y alcohol. Aparentemente, el dinero, la fama y la posición no les dan a estas personas la felicidad prometida. La satisfacción que buscamos se encuentra disponible en una fuente que no está hecha de materia. La felicidad que buscamos está dentro de nosotros, a nivel de nuestra alma. La dicha, el conocimiento ilimitado, el poder, la valentía, la felicidad y la paz, son las riquezas del alma. Si podemos cavar en el sitio correcto, todas ellas serán nuestras.

Encontrar tiempo para cavar

Si supiéramos que hay riquezas enterradas en el patio de la casa, no tendríamos dificultad para encontrar el tiempo para cavar. Aprovecharíamos cualquier momento libre para tomar la pala y buscar. Si pudiéramos aplicar el mismo nivel de urgencia y compromiso para buscar nuestra alma, encontraríamos las riquezas internamente.

Desafortunadamente, ¿qué hace la mayoría de la gente? Pasan unos pocos minutos aquí y allá, a menudo con intervalos de días, semanas y meses, buscando los tesoros espirituales. Esperar el éxito con tan poco esfuerzo, es como querer lograr un grado en medicina yendo a clase o estudiando en total solo unos minutos en pocas semanas. Pasar solamente unos minutos de vez en cuando en la búsqueda espiritual nos llevará a nuestra meta, pero nos demoraremos varios siglos. El tiempo se está agotando a cada instante. Con cada movimiento del segundero del reloj nuestra vida se acorta mucho más. Cada minuto es valioso. Si deseamos descubrir las riquezas del alma, tenemos que hacer el mejor uso de nuestro tiempo.

Cuando estamos en la búsqueda de algo que realmente queremos, encontrar tiempo no es difícil. Cuando estamos comprometidos con nuestra meta, encontramos que nos mantenemos enfocados en la tarea hasta que la terminamos. Difícilmente podemos alejarnos del trabajo que nos va a llevar a nuestra apreciada meta. Es cuando sentimos que tenemos que esforzarnos por hacer algo, que nos preocupamos por encontrar el tiempo. Encontrar tiempo para cavar es solo un problema cuando no estamos comprometidos con la búsqueda. Entonces tenemos que disciplinarnos para dedicar tiempo a la tarea que queremos terminar, cualquiera que ella sea. Es mucho más fácil si tenemos un fuerte deseo y un anhelo por alcanzar la meta.

Similarmente, si tenemos un deseo intenso por encontrar nuestra alma y unirnos con el Creador, encontrar el tiempo no es un problema. Estaremos tan involucrados en nuestra búsqueda interna que por este fin nos absorbemos en su búsqueda.

Alcanzar nuestra meta

¿Cuáles son los beneficios de descubrir nuestra alma? Algunas personas quieren encontrar la dicha y la felicidad. Otros quieren lograr el conocimiento de lo que hay más allá de este mundo. Para algunos, vencer el temor a la muerte constituye su motivación. Para otros es el empoderamiento que les interesa.

No perdamos nuestro valioso tiempo. ¿Cuántos de nosotros conocemos a alguien que perdió la vida de repente? Puede haber sido un niño o un adolescente el que murió; puede haber sido un ser querido. Puede haber sido alguien que tenía muy buena salud. Cuando menos lo esperamos puede morir alguien que amamos. No sabemos cuándo nos tocará el turno a nosotros. Incluso si no es la muerte la que nos llega, a veces es una enfermedad la que puede afligirnos. Algunas enfermedades son tan debilitantes que ya no podemos ejercer nuestras funciones normales en la vida. Es de suma importancia que aprovechemos el tiempo que tenemos cuando estamos saludables, funcionando bien y en la plenitud de todas nuestras facultades. ¿Quién sabe qué va a suceder mañana?

Una anécdota de la vida de Kabir Sahib ilustra este punto. Mientras visitaba Benarés, Kabir Sahib pasaba todos los días frente a un hombre que siempre estaba sentado en su jardín. Un día Kabir Sahib le dijo: "Buen hombre, en vez de estar sentado en tu jardín sin hacer nada, ¿por qué no practicas la meditación y progresas espiritualmente?"

El hombre le contestó: "Tengo familia, mis hijos son pequeños y ahora no puedo encontrar tiempo suficiente para las prácticas espirituales; pero lo haré cuando crezcan".

Años después, cuando los niños habían crecido, Kabir Sahib se encontró con el mismo hombre otra vez: "Ahora que tus hijos son mayores, ¿tienes tiempo para la meditación?"

El hombre le contestó: "Estoy ayudando a mis hijos a casarse y a establecerse para que puedan vivir independientemente. Apenas estén casados comenzaré mis prácticas espirituales".

Pasaron algunos años más y Kabir Sahib se encontró con el hombre otra vez y le preguntó de nuevo sobre su vida espiritual: "Ahora que tus hijos se han casado, tienes tiempo para la meditación".

"Mis hijos me dieron nietos y los estoy cuidando mientras crecen, se educan y se casan".

Pasaron otros años y Kabir Sahib regresó y encontró que el hombre había fallecido. Kabir Sahib movió la cabeza y dijo: "El pobre ha pasado su vida entera pensando que iba a encontrar tiempo para la meditación y falleció sin dedicar ningún tiempo para descubrir su alma. Su mente lo condujo a un apego tan profundo por este mundo, que no dedicó ningún tiempo para sus meditaciones".

No queremos terminar como este hombre, que siempre estaba demasiado ocupado para buscar a Dios, hasta que fue demasiado tarde. Si hacemos un círculo y lo dividimos en tres porciones e identificamos cada porción con metas físicas, metas intelectuales y metas espirituales, ¿qué tendremos en cada una de estas áreas? Las tres son importantes. La mayoría de la gente cree que para buscar las metas espirituales tiene que renunciar a todo lo demás. Eso es lo que Sant Darshan Singh Ji Maharaj llamaba "misticismo negativo". La espiritualidad también puede ser un sendero de "misticismo positivo", como él lo llamó. Esto significa que mientras buscamos nuestras metas espirituales, además nos encargamos de los otros dos aspectos de nuestra vida, de nuestra existencia física y de nuestra vida espiritual. Primero tenemos que priorizar. Podemos vivir una vida equilibrada y cumplir con nuestras metas físicas, mentales y espirituales.

Tomemos, por ejemplo, ahorrar dinero en el banco. Lo que sucede generalmente es que queremos ahorrar, pero acabamos dejando esto como última prioridad. Primero pagamos todas nuestras deudas y luego vamos gastando en nuestras necesidades y deseos, pensando que podremos ahorrar lo que quede. Pero tristemente, encontramos que nunca queda nada. Pasan semanas tras semanas, y ni un centavo llega a nuestra cuenta de ahorros. Lo mismo sucede con nuestras metas espirituales. Nos decimos a sí mismos que vamos a meditar después de haber cumplido con todos nuestros deberes y tareas. ¿Qué sucede? Llega la noche, el sueño nos vence y pasa otro día más sin meditar.

¿Qué es lo que nos dicen los asesores financieros si queremos ahorrar dinero? Nos dicen que hagamos un depósito directo en nuestra cuenta de ahorros, tan pronto recibamos el salario. Ellos ponen al ahorro de primero como si fuera otra cuenta que pagar. De esta manera nos vemos obligados a ahorrar. Tenemos que hacer algo parecido, si tenemos dificultades al querer encontrar tiempo para meditar. Primero debemos cumplir con la meditación. Esto debe ser nuestra mayor prioridad, porque si no la ponemos de primero, ni siquiera alcanzará a entrar en nuestra lista de prioridades.

Tiempo para la meditación

Para encontrar nuestra alma, tenemos que pasar algún tiempo en meditación diaria. Algunas escrituras se refieren al concepto del diezmo de un diez por ciento. Podemos diezmar una décima parte de nuestro día como diezmo para nuestra alma.

∾ Actividad ∾

Elaboremos un calendario y separemos un tiempo para la meditación. Ese tiempo puede dividirse en una o varias sesiones. Lo importante es considerar ese tiempo sagrado. Nos quedan veintiuna o veintidós horas para dedicarlas a los otros aspectos de nuestra vida. Sin duda, podemos dedicar tiempo diariamente a las prácticas espirituales. No debemos permitir que nada interfiera con este tiempo sagrado.

⁓

La mayoría de la gente trabaja para ganarse la vida y tiene limitaciones de tiempo. Las cuarenta horas de trabajo semanales significa que cinco días a la semana tenemos que levantarnos entre las cinco o seis de la mañana, pasar una hora alistándonos para el trabajo, viajar al trabajo y pasar ocho horas trabajando, más una hora de almuerzo. Luego, hay una hora el viaje de regreso a casa, en medio del tráfico pesado, y otra hora en casa para descansar y cenar. De esta manera, trece horas del día se han ido en el trabajo. Si dormimos seis horas por noche, eso nos deja cinco horas libres diariamente, cinco días a la semana. ¿Dónde están esas cinco horas? Usualmente caen al anochecer, entre la hora de nuestro regreso a casa y la hora de acostarnos. Hay varias opciones disponibles para encontrar una o dos horas al día para meditar. Podemos pasar tiempo en la mañana cuando nos despertamos. Puede que tengamos que despertarnos más temprano, pero de esta manera nos aseguramos de haber dedicado una hora a la meditación antes de comenzar el día. La otra hora no tiene que ser necesariamente por la noche. La meditación es una buena manera de relajarse después del trabajo. Podemos preferir pasar una hora meditando antes de la cena. Algunos prefieren meditar una hora antes de dormir. Otros disfrutan de la quietud de la medianoche o en las horas tempranas de la mañana., cuando todos los demás están dormidos. Para quienes trabajan por las noches, el horario puede ser al revés. Luego, en los fines de semana o días libres, fácilmente podemos encontrar dos a dos horas y media diarias para pasarlas en meditación.

Al principio, acostumbrarnos a esta agenda puede ser

difícil. Cada vez que tratamos de desarrollar un nuevo hábito, la mente se rebela al principio. Pero de la misma manera como nos entrenamos en cualquier campo, después de cierto tiempo, la tendencia de la mente a formar hábitos puede ser una ventaja. La mente se acostumbra tanto a meditar a cierta hora, que se sentirá inquieta si pasamos por alto ese tiempo. Necesitamos ser pacientes pero firmes. Una vez establecido el programa debemos aferrarnos firmemente a él. Finalmente, el hábito se volverá una costumbre y descubriremos que encontrar tiempo para meditar será fácil y natural.

Sacando tiempo para ahorrar tiempo

Lo que podemos pensar que es quitar tiempo, a la larga, nos puede ahorrar tiempo. ¿Cómo? Vamos a disfrutar de los beneficios de la meditación en otras áreas de nuestra vida. La meditación puede aumentar nuestra capacidad de relajación, de manera que necesitamos menos sueño. Mientras menos sueño necesitemos más tiempo tendremos disponible. La meditación también aumenta nuestra concentración. Esto significa que en las tareas que requieren concentración, por ejemplo, en nuestro empleo o nuestros estudios, podemos trabajar más eficiente y productivamente. Podemos encontrar que nos demoramos menos tiempo trabajando o estudiando, porque completamos las tareas en un período más corto. Por lo tanto, en verdad, tendremos más tiempo disponible para nosotros, tiempo que dedicábamos antes al trabajo o al estudio.

¿Qué podemos hacer con este tiempo libre adicional? Si lo usamos para meditar será como consignar dinero adicional en el banco. Podemos aumentar nuestro progreso. Podemos continuar necesitando menos sueño y podemos volvernos aún más eficientes. Si examinamos las vidas de aquellos que dedican mucho tiempo a la meditación, a menudo nos asombramos de la cantidad de trabajo que ellos producen. Hay gente que hace el trabajo de varias personas con poco esfuerzo, o son tan prolíficos en su trabajo, que uno se pregunta de dónde sacaron el tiempo para hacerlo. Sant Darshan Singh Ji Maharaj solía decir: "Si necesitas que te hagan algo, ¿a quién debes acudir? La mayoría de la gente piensa que deben acudir donde alguien que no tenga nada que hacer. Pero en realidad debemos acudir donde la persona más ocupada. Esta persona siempre encontrará tiempo para hacer el trabajo". El siguiente relato de la vida de Sant Kirpal Singh Ji Maharaj, que aparece en su autobiografía, da un ejemplo de cómo alguien que medita puede encontrar tiempo para muchas tareas en la vida y hacerlas todas bien:

> Al principio, le pregunté a mi Maestro (Hazur Baba Sawan Singh), cuánto tiempo debía dedicar a mis prácticas espirituales. Hazur sabía muy bien, que yo era un empleado oficial que tenía que dedicar ocho horas a mi oficina y que también era un padre de familia, con mi esposa Krishna Wanti y mi hijo Darshan. Aun sabiendo todo esto, él me dijo: 'Dedica un mínimo de cinco a seis horas de meditación al día, y mientras más lo hagas, mejor'. Entonces, ¿qué hice? Por las mañanas solía sentarme de las tres o las cuatro de la mañana hasta las nueve. Tenía que hacerlo. No se trataba de si podía hacerlo o no. Luego, tomaba mi desayuno hasta las nueve y veinte porque tenía que salir para la oficina y estar allí a las diez. Aun el hombre más ocupado puede encontrar tiempo. Querer es poder.

Si miramos la vida de las personas que alcanzaron la grandeza en cualquier campo, encontramos que convirtieron su meta en una prioridad. Ya sea en el campo de los deportes, las artes, el entretenimiento, el desarrollo intelectual o los negocios, las personas de éxito dedicaron tiempo a alcanzar sus metas. Es lo mismo en el campo espiritual. Si hacemos el trabajo, dedicando tiempo regular, convertimos la meditación en parte de nuestras vidas, nosotros, también, podremos lograr el éxito. El cuerno de la abundancia de las riquezas espirituales se podrá verter sobre nosotros, enriqueciendo todos los aspectos de nuestra vida.

QUINCE

Ver interna
y externamente
al mismo tiempo

U na vez abrimos la puerta de entrada al alma, podemos aprender a equilibrar nuestra vida entre el mundo interno y externo. Explorar nuestra alma mientras cumplimos los deberes del mundo, es un arte que podemos dominar.

La espiritualidad significa amor en acción. Significa disfrutar de nuestras riquezas espirituales y compartirlas con todos los que nos encontramos. Podemos aprender a mantener un equilibrio entre nuestras prácticas espirituales y nuestras responsabilidades mundanas, gozando de los frutos internos y compartiendo nuestros dones con la humanidad.

Mirando internamente

Mirar internamente significa que estamos en un estado de dicha espiritual interior. Somos conscientes de la unión de nuestra alma con Dios y con todo lo que existe. Nos llenamos de fortaleza por la valentía que nos llega cuando nos identificamos con nuestra alma. Vivimos en el conocimiento de que somos inmortales. Así como el monitor de un computador está conectado con el disco duro y puede recibir de él los datos de este, nosotros también estamos conectados y recibimos una continua corriente de información de la fuente de toda sabiduría, amor incondicional y bienaventuranza. Dedicamos un tiempo determinado a la meditación diariamente, pero incluso cuando no estamos meditando, seguimos sintonizados con nuestra alma. A lo largo del día, cuando hacemos nuestro trabajo, la dicha y el conocimiento fluyen a través nuestro, la valentía y la fortaleza nos sostienen, y tenemos el poder para actuar sobre la base de los valores espirituales. Esa corriente nos sostiene desde nuestro interior a cada instante, enriqueciendo cada momento de nuestras vidas.

Sabiduría Ilimitada

Al mirar internamente, vamos a la fuente de la sabiduría de la que deriva todo el conocimiento externo. Podemos pensar que la sabiduría es el estado alcanzado por una persona que ha obtenido el grado universitario más alto, o alguien que ha tenido muchas experiencias en la vida, pero estos no son más que una gota de agua en el océano de la sabiduría eterna. Si tomamos todos los libros que se han escrito en este mundo y los juntamos en una biblioteca, estos constituirían el primer libro de estudios de un niño de la sabiduría eterna.

La siguiente historia, ilustra la diferencia entre el conocimiento mundano y la sabiduría eterna. Este incidente sucedió cuando el gran erudito Jalaluddin Rumi conoció a su maestro, el santo sufí Shamas-i Tabriz. Un día, mientras Rumi estaba sentado al lado de una laguna estudiando antiguos y preciosos manuscritos, se le aproximó Shamas-i Tabriz. Viendo que Rumi, el gran profesor, estaba absorto en sus estudios, Tabriz señaló el manuscrito y le preguntó: "¿Qué es eso?". Dirigiendo su mirada al visitante harapiento, Rumi le contestó: "Es un conocimiento que está más allá del entendimiento de los ignorantes". Tabriz cogió el libro y lo tiró al agua. El profesor asombrado gritó: "Inculto derviche, ¿qué has hecho? Por este acto descontrolado, el mundo ha perdido un inmenso tesoro de conocimiento". Tabriz metió la mano hasta el fondo del agua y sacó el manuscrito seco e intacto. Rumi exclamó atónito: "¿Qué es esto?". Tabriz sonrió y le dijo: "Es un conocimiento nacido del éxtasis, que está más allá de la comprensión de los educados".

La comprensión de nuestra mente es limitada; pero la comprensión del alma es infinita. Cuando miramos internamente, podemos alcanzar el estado de omnisciencia, en el que nosotros también podemos conocer todo lo que hay por conocerse y podemos ser nutridos desde dentro por el conocimiento nacido del éxtasis.

Inmortalidad

Por medio de la meditación podemos ir más allá de las puertas de la muerte y encontrar la dicha y la belleza que nos espera en el más allá. La muerte deja de sostener una espada atemorizante sobre nuestras cabezas, porque durante la vida hemos podido ver el lugar a donde iremos cuando nuestro cuerpo lance su último aliento. Podemos finalmente comprender el verdadero significado del Salmo 23: "Aunque camine por el valle de las sombras de la muerte, no temeré mal alguno porque Tú estás conmigo".

Los santos que han visto más allá de este mundo han hecho afirmaciones sobre la muerte. Dicen, no es nada que debamos temer; antes bien, es algo que podemos darle la bienvenida. Kabir Sahib ha dicho: "La muerte que temen las demás personas, es una fuente de felicidad para mí. Solo con la muerte, logro la dicha eterna". Santa Teresa de Ávila dijo de la muerte: "No muero. Entro a la vida". Para los seres iluminados, la vida en la tierra es el sueño. La muerte y la entrada al reino de Dios es el despertar. San Pablo dijo: "Oh muerte, ¿dónde está tu aguijón? Oh tumba, ¿dónde está tu victoria?".

Podemos tener un indicio del lugar que está preparado para nosotros más allá de las puertas de la vida. Habiéndolo examinado en nuestro interior, la inmortalidad deja de ser una creencia más, y se vuelve una convicción.

Valentía

Al ver internamente, podemos lograr la valentía. Detrás de muchos miedos está el miedo a la pérdida, al dolor y a la muerte. Después de haber visto que no existe la muerte, ¿qué queda por temer? ¿A qué debemos temer cuando reconocemos la conexión de nuestra alma con Dios? Las cosas que más valoramos son las que nos ocasionan más dolor cuando las perdemos. Sant Kirpal Singh Ji Maharaj solía decir: "Si perdemos nuestro dinero no habremos perdido nada. Si perdemos la salud perdemos algo. Pero si perdemos nuestro carácter, lo habremos perdido todo". En el Más Allá somos medidos por la nobleza de carácter y las virtudes éticas. El dinero no sirve en esos planos, y la salud es superflua porque no tenemos cuerpo físico. Solo el carácter cuenta en el Más Allá.

El alma en el estado de unión con el Señor, no teme a nada. Solo teme a la ignorancia de esa unidad. En realidad el pecado no es más que la ignorancia de la verdad. Pecar

significa ser inconscientes de Dios, y de las leyes del amor
y la verdad que gobiernan todos los universos. Esta es una
fórmula sencilla: la virtud es lo que nos acerca a Dios; el
pecado o la maldad, es lo que nos aleja de Él. Si caminamos
por el sendero de la rectitud, observando las leyes de la no-
violencia, la veracidad, la castidad, la humildad y el servicio
desinteresado, y si dedicamos tiempo a nuestra práctica
espiritual de meditación, entonces, no tendremos nada que
temer ni en este mundo, ni en el más allá.

Amor Incondicional

Cuando vemos internamente, vemos con los ojos del amor
incondicional. Dios es amor y el alma, que es de la misma
esencia de Dios, también es amor. Los dos se funden en uno,
y el resultado es la dicha infinita. Esta es la más sublime de las
uniones, el más divino de los matrimonios. La dicha nupcial
de esta tierra es una pequeña muestra de la maravillosa
felicidad de la unión con el Señor. Tulsi Sahib ha dicho:

> Encontré la plenitud eterna
> Porque estoy casado con el Señor inmortal.

Se trata de una unión que trasciende el tiempo y el
espacio. No tiene principio, no tiene fin, pero fluye sin cesar.
En este estado, estamos embebidos en el amor incondicional
dentro de nosotros en todo momento.

Conexión

Cuando somos ignorantes de nuestra verdadera condición de
almas, podemos sentirnos desconectados y solos; pero cuando
empoderamos a nuestra alma, nunca estamos solos. A cada

instante, somos conscientes de nuestra conexión con Dios y con toda la creación. Comprendemos que tenemos un amigo eterno a nuestro lado, en todo momento. Cuando vemos la misma Luz que está en nuestra alma, en todas las demás almas, experimentamos la conexión con todas las formas de vida. Con un vínculo de unidad, nos damos cuenta de que todos los seres vivientes son miembros de nuestra propia familia y la vida se convierte en una alegre reunión con todos los que conocemos. La alegría de las reuniones familiares se extiende a la humanidad entera. Cuando viajamos a cualquier país del mundo nos sentimos en casa. No importa quién se sienta a nuestro lado en las comidas, sentimos que estamos cenando con nuestra propia familia. El amor impregna todas nuestras relaciones, porque estamos entre nuestra familia universal y amigos.

Como escribió Sant Darshan Singh Ji Maharaj:

> Otros puede que rechacen a sus parientes y amigos,
> Pero yo considero como míos aún a los extraños.

Al viajar internamente, podemos alcanzar este estado y considerar a toda la creación como nuestra familia y a cada lugar como nuestro hogar.

Bienaventuranza

Logramos la dicha infinita cuando miramos internamente. ¿Cómo es ese estado? El gran santo sufí Shamas-i-Tabriz nos ha dado un indicio de este estado:

> Por favor no me pregunten por mi estado interior. Mis sentidos, intelecto y alma están embriagados; ellos han logrado una embriaguez de dicha permanente. Las raíces de estos árboles están bebiendo del vino secreto del amor. Tengan paciencia porque algún día ustedes, también, despertarán en este estado de ebriedad. En mi

mente hay un festival de embriaguez. Sientan el efecto del vino del amor divino, de tal manera que incluso hasta las puertas y las paredes se embriaguen también.

Cuando estamos enamorados de una amado de este mundo, toda las cosas toman el color del amor. Vemos todo color de rosa y dicha. De manera similar, cuando encontramos la dicha que viene del interior, esta tiñe al mundo de felicidad. Entonces vemos el éxtasis donde quiera que miremos.

Mirar externamente

Aunque necesitamos invertirnos para encontrar a Dios, no tenemos que ser introvertidos cuando tratamos con las personas a nuestro alrededor. Mirar externamente quiere decir que nosotros también estamos altamente sintonizados y conscientes de lo que sucede en nuestro ambiente externo. Podemos poner nuestra atención donde queramos. Nuestro conocimiento de las necesidades de los demás, nuestra concentración, nuestra sensibilidad y nuestra compasión, aumentan con nuestro desarrollo espiritual. Mientras más nos invertimos, más conscientes nos volvemos de las necesidades de los demás. Una señal de que hemos crecido espiritualmente, es que somos menos egocéntricos y egoístas, y más absortos en la humanidad y desinteresados. Mientras más sintonizados estemos con el alma dentro de nosotros, más grande será nuestro amor, nuestra compasión y servicio a nuestros semejantes.

En nuestro sitio de trabajo

Cada aspecto de la vida externa proporciona una oportunidad para estar al servicio de los demás. El sitio de trabajo está lleno de tales situaciones.

Muchas personas en puestos de dirección se absorben en su poder. Sin embargo, el verdadero poder conlleva una responsabilidad consigo. Mientras más elevada sea nuestra posición, más debemos brindar ayuda y servicio a los que están en posiciones inferiores. La siguiente es una bella anécdota de la vida de Sant Darshan Singh Ji Maharaj:

> Aprendí muchas lecciones importantes de uno de mis directores. Él decía que una particularidad del poder consiste en proteger. Sucedió que una vez, cuando el personal bajo su mando cometió un error, uno de sus delegados quiso exonerarse de toda responsabilidad diciendo que el error no era resposanbilidad de su sección. Mi superior replicó: "Esta es mi dirección, y el error de cualquier es también mi error. Inclusive, si un peón se equivoca, esa es mi equivocación..." Las fallas son inevitables aquí y allá, en cualquier trabajo, pero en toda mi carrera, siempre, he tratado de actuar por el principio que aprendí de este funcionario. "La cualidad del poder es proteger". También consideré que cualquier error cometido por un subordinado era un error mío. En todos los casos asumí la culpa y personalmente di las explicaciones. Debido a que mis superiores confiaban en mí, la explicación salvaba la situación, evitando que mis subalternos recibieran algún castigo.

Mirando externamente al planeta Tierra

Cuando experimentamos nuestra alma, también nos volvemos más conscientes del planeta tierra y de lo que es necesario para mantenerlo y protegerlo. Algunas personas se vuelven tan sensibles que pueden sentir el dolor de las criaturas inferiores. Ellos se armonizan con los animales y las plantas, y desarrollan también compasión e interés por su situación.

Cuando Gurú Har Rai, el séptimo gurú de los sijs era un niño, solía usar una túnica larga y ondeante. Un día salió cabalgando a visitar a su Maestro, el Gurú Har Gobind. Cuando llegó a la casa de su Maestro, lo vio en su jardín. Emocionado al encontrarlo, Har Rai bajó del caballo y corrió por el jardín para saludar con reverencia a su Maestro. Antes de llegar donde el Maestro, una brisa repentina sopló por el jardín e hizo que la túnica de Har Rai ondeara, y así tumbó algunas flores. Har Rai escuchó el crujir de las ramas y se detuvo, vio el daño que su túnica había causado a las plantas y sintió tanto dolor que se sentó a llorar. Otro discípulo, observando lo que había sucedido, le contó al Gurú Har Gobind. El Maestro se levantó, se acercó a Har Rai y le dijo: "¿Por qué lloras?" Har Rai le explicó: "Las pobres flores están sufriendo por mi descuido". Gurú Har Gobind también era sensible al dolor de los demás, incluyendo las plantas, y comprendió la tristeza de Har Rai. Se alegró de saber que su discípulo tenía una sensibilidad tan desarrollada. Gurú Har Gobind le aconsejó: "De ahora en adelante, puedes seguir vistiendo estas túnicas, pero asegúrate de mantener los bordes apretados contra tu cuerpo cuando caminas. Es deber de los sirvientes de Dios, cuidar de todas las formas de vida". Después de eso, Har Rai siguió el consejo y siempre mantuvo sus vestidos alrededor de él para no hacerle daño a ninguna planta, insecto o cualquier otra criatura viviente.

Leonardo da Vinci era vegetariano. Sentía un gran amor por los animales, especialmente las aves. Él estudiaba su vuelo y de su observación diseñó una máquina voladora siglos antes de que se convirtiera en realidad. No podía soportar la idea de ver a los pájaros encerrados en las jaulas. Cuando veía a un pájaro enjaulado, se lo compraba a su dueño y lo dejaba libre.

Cuando vemos el mundo externo con los ojos del alma, vemos la Luz de Dios brillando aun en las plantas y los animales, y comenzamos a vivir de tal manera que buscamos la preservación de todos los seres vivientes. A medida que crecemos espiritualmente, nos volvemos más receptivos hacia los demás, incluyendo los animales y plantas. Nos volvemos más generosos y bondadosos cuando nos relacionamos con otras personas y con todas las formas de vida.

Mirando interna y externamente al mismo tiempo

Cuando examinamos las vidas de los santos y místicos, encontramos que ellos se dedicaron a ayudar a los demás. Eran como el cisne que vive en el agua, pero vuela con las alas secas. Si bien, están continuamente en armonía con el Creador, siguen viviendo entre nosotros, participando plenamente de la vida.

El santo cristiano John Ruysbroeck ha dicho que: "El verdadero hombre interiorizado debe fluir hacia todos por igual". Santa Catalina de Génova, nacida en el Siglo XV, tuvo una experiencia mística en la que fue transportada a un estado de amor puro y purificante por Dios. Su revelación mística fue seguida por una vida de servicio desinteresado por los demás. Ella comenzó a ayudar a los enfermos y a los pobres. A los treinta años fundó el primer hospital de la ciudad de Génova. Durante los siguientes veintidós años vivió en un estado de continua consciencia de la presencia divina del Señor que la llenaba de alegría, amor y dicha. Sin embargo, mientras experimentaba el éxtasis permanentemente, continuaba administrando el hospital. Era puntual y eficiente en sus deberes en el hospital y nunca permitió que su absorción espiritual le impidiera cumplir sus responsabilidades mundanas. Cuando una epidemia contagió a toda la ciudad, formó un grupo para cuidar de las víctimas. En una conversación, le dijo una vez a Dios: "Tú me has ordenado que ame a mi prójimo, pero yo no puedo amar a nadie más que a Ti". Dios le contestó: "El que me ama, ama todo lo que amo". Por lo tanto, mostró su amor por Dios a través de su amor por sus semejantes y por todas las formas de vida, incluyendo las plantas y animales. Se dijo de ella, que si mataban a un animal o cortaban un árbol, no podía soportar verles perder la vida que Dios les había dado.

En los cuatro estados del amor ardiente, San Ricardo de Víctor, describe los estados de compromiso, matrimonio, unión y fecundidad del alma. En el estado de compromiso, el alma está sedienta de Dios. Tiene una pasión predominante por experimentar la realidad superior. El alma es tocada por el espíritu de Dios y se sumerge en su dulzura. Este es el estado del despertar del alma. En el segundo estado, el alma está ardiendo de deseo por Dios y el Señor la toma por esposa. El alma asciende, ve el sol de la rectitud y hace los votos nupciales a Dios. En el tercer estado, el alma logra la unión con el Señor. El alma está en comunión con Dios; está plenamente concentrada en Dios y arrobada en la Luz Divina. En el cuarto estado del amor ardiente, encontramos el punto crucial de la vida del verdadero místico: entregando su tesoro espiritual a la humanidad. La unión del alma con Dios, no es una unión sin hijos. El alma asume las responsabilidades, los deberes y los dolores de una madre cuando está dando a luz a sus hijos. Aquí, los hijos representan las obras buenas y nobles en el mundo que sirven a la humanidad. Las almas empoderadas se vuelven centros de energía espiritual y son colaboradoras conscientes del plan divino. Viven sus vidas esparciendo el amor espiritual a todos los que se encuentran, inspirando y elevando a los demás con su ejemplo.

Nosotros también podemos lograr este estado. Si dedicamos un tiempo diario a la meditación, podemos descubrir el poder del alma y enriquecer nuestras vidas con la sabiduría, la inmortalidad, el amor, la valentía, la conexión y la bienaventuranza.

Notas finales

Las siguientes referencias aparecen en las publicaciones en inglés:

Capítulo 4: Amor Incondicional

1 Misticismo. Underhill, Evelyn. (Nueva York: E.P. Dutton, 1911), p. 286
2 Ibid., p. 426

Capítulo 7: Bienaventuranza

1 Corrientes de néctar: vidas, poesías y enseñanzas de santos y místicos. Singh, Darshan. (Naperville, Illinois: SK Publications, 1993), p. 185
2 Misticismo. Underhill, Evelyn. (Nueva York: E.P. Dutton. 1911), p. 369-370
3 El sendero espiritual: antología de los escritos de

Kirpal Singh. (Naperville, Illinois: SK Publications, 1994), p. 65

4 Ibid., p. 65

5 Ibid., p. 205

6 La variedad de experiencias religiosas. James, William. (Nueva York: Mentor Books, 1958), p. 314-315

7 Corrientes de néctar: vidas, poesías y enseñanzas de santos y místicos. Singh, Darshan. (Naperville, Illinois: SK Publications, 1993), p. 151

8 Ibid., p. 152

9 La variedad de experiencias religiosas. James, William. (Nueva York: Mentor Books, 1958), p. 318

Capítulo 11: La meditación: puerta de acceso al alma

1 La Corona de la Vida. Singh, Kirpal (Bowling Green, Virginia: SK Publications, 1985), p. 143

2 El Jap Ji. Singh, Kirpal (Bowling Green, Virginia: SK Publications, 1987), p. 27

3 Ibid., p. 27

Capítulo 15: Ver interna y externamente al mismo tiempo

1 El Amor solo tiene principio: autobiografía de Darshan Singh. Singh, Darshan. (Naperville, Illinois: SK Publications, 1996), pp. 93-94

Acerca del autor

Sant Rajinder Singh Ji Maharaj, es un Maestro Espiritual de meditación reconocido internacionalmente. Director de Ciencia de la Espiritualidad, una organización no religiosa y sin ánimo de lucro que auspicia foros orientados a que la gente aprenda una técnica de meditación (*Surat Shabd Yoga*) para transformar en forma positiva nuestras vidas y lograr la tan anhelada paz interna y externa, como la unidad humana.

Su sencilla, pero poderosa técnica ha sido presentada a millones de personas en todo el mundo, por medio de seminarios, sesiones de meditación, televisión, radio, revistas y libros. Su método para alcanzar la paz interna y externa por medio de la meditación ha sido reconocido por líderes cívicos, religiosos y espirituales. Sant Rajinder Singh Ji Maharaj convocó la Decimosexta Conferencia Internacional por la Unidad Humana, en Delhi, India; presidió la Séptima Conferencia Mundial de Religiones; fue un importante presentador en el Parlamento Mundial de Religiones realizado en Chicago en 1993 y en la Conferencia Mundial sobre Religión y Paz, llevada a cabo en Roma y Riva del Garde, Italia en 1994; auspicia cada año Conferencias como, La Integración Humana y el Misticismo Global. En la celebración del quincuagésimo aniversario de las Naciones Unidas realizada en la Catedral San Juan el Divino, Sant Rajinder Singh Ji Maharaj dio inicio al programa colocando en meditación a miles de personas.

Se dirigió a numerosos líderes espirituales y políticos en la sesión de apertura de la Cumbre por la Paz Mundial en el Nuevo Milenio, realizada en las Naciones Unidas entre Agosto 28 y 31 del 2000. Ha sido distinguido con numerosos galardones, homenajes y honrosos recibimientos por parte de líderes cívicos y religiosos de todo el mundo.

Ha escrito varios libros entre los que se incluyen: *El poder sanador de la meditación, Descubriendo el poder del alma por medio de la meditación, Hilo de seda de la divinidad, La chispa divina, Meditación: medicina para el alma, La sed espiritual, Ecología del alma, Visiones de unidad y paz espiritual, Educación para un mundo en paz,* y en hindi *Espiritualidad en los tiempos modernos, La verdadera felicidad,* y cientos de artículos que han sido publicados en revistas, periódicos y diarios de todo el mundo.

También se han publicado numerosas cintas de audio y vídeo. Sus publicaciones han sido traducidas a cincuenta idiomas. El Maestro espiritual se ha presentado en innumerables programas de radio y televisión de todo el mundo. Sant Rajinder Singh Ji Maharaj, ha dado seminarios de meditación y conferencias públicas en Europa, Norteamérica, Sudamérica, África, Asia y Australia.

Se puede contactar a Rajinder Singh comunicándose al: Kirpal Ashram, Kirpal Marg, Vijay Nagar, Delhi India 110009; Tel. 27117100, fax 27214040; o al Centro de Ciencia de la Espiritualidad, 4 S. 175 Naperville Rd. Naperville, IL 60563 USA, Tel. 630-955-1200, fax 630-955-1205.

www.ingramcontent.com/pod-product-compliance
Lightning Source LLC
Chambersburg PA
CBHW071958040426
42447CB00009B/1389